をお宝に変える

Before

After

最初に巡り合った950万円の物件。利回り30.69%

初めて購入したアパート「Ki」。読売新聞の三行広告で発見。この物件に巡り会うまで、80
棟の物件を現地調査していた。「ROLEX の青サブマリーナ」をモチーフに、ナス紺を
90%、淡い黄色を 10%、階段と縁取りを GOLD でデザイン、高級感を演出

Before

After

1450万円だった物件を450万円で購入。想定利回り85.33%

11 棟目の商業ビル物件。一度しか面識のなかった不動産屋さんに「いい物件があれば、す
ぐに買います」と伝えておいたおかげで実現した取引。東京で連絡を受けた翌日、猛吹雪の
なか 60km を走り現地調査を敢行、買付申し込みから 5 日で現金決済シタ

「鬼のような指値（商標登録申請予定）」で購入した物件の数々!!

250万円→55万円
利回り　87.27%

50万円
→20万円
利回り
222%

700万円→500万円
利回り　36.48%（満室時）

800万円→750万円
利回り　39.01%

1600万円→1200万円
利回り　27.50%

385万円→310万円
（想定）利回り　30%

600棟を超える現地調査から高利回り物件が生まれる

初公開！激安物件を購入するための買付証明書!!

買　付　証　明　書

平成２０年1月27日

[redacted]　殿

示物件を以下の条件により、購入する事を申し込み致します。

希望契約日	平成　２０年	1月31日（木）
購入希望価格	金	￥4000000円
手　付　金	金	￥1,000,000円
決　済　金	金	￥3,000,000-円

その他の条件　測量不要、現状渡し、必要があれば3日以内に決済。
価格については上乗せ可能、但し、内部調査を必要とスル。

瑕疵不担保現状渡しで了解済み

もし、あの物件を譲って　いただけるので　あれば、
末永く、手入れして、保有し続けたいと思っております。
よろしく、お願い致します。

以上

示

売りビル

物件所在地　石狩市[redacted]

建物面積　２０９．１８㎡

土地面積　１７８．３６㎡

買主住所　北広島市[redacted]丁目[redacted]

氏　名　加藤ひろゆき　（印）

売買契約締結後、法定の仲介手数料を支払うことを買主は承知しています。

手付金を２倍入れる事によって誠意を示す。

大安

これだけで最低20～30万円安くなる。

この文章を見て「涙が出ました」と、売主様の奥様に言われた。

三文判

指値を入れても円満取引となった買付証明書の書き方

自主管理 & 激安リフォームのススメ!!

美人のお姉さん入居者に作成してもらった募集看板

「女子限定アパートメント」に住む三代目、アイドル系班長がケルヒャーで洗浄中。アルバイト代を渡す

購入時、室内は乱れていた

室内塗装中。ここまで変わる

そんな私も昔は……

ハリウッド時代、マドンナと。ワタクシの前で全裸になったのには閉口した

アイドル系俳優を目指していた頃

その成功のヒミツとは……?

借金ナシではじめる激安アパート経営

不動産投資でつとめ人を卒業スル方法

FOR RENT

広々33㎡　バス・トイレ別　フローリング
即入居可能　特典アリ
KATO
☎090-6696-

加藤ひろゆき

ぱる出版

はじめに

ここ一年の間に、アパートメントの市場が、急激に変化シタ。思えば、二〇〇七年の春から夏にかけてが、不動産価格のピークだったように思う。

この原稿を書いている二〇〇八年四月現在、ワタクシの住んでいる北海道札幌市でも、利回り一五％以上の物件が、再び出現している。時には、利回り二五％という売り物件もアル。

売り物件には、狭いワン・ルームが多い。入居率の低下、家賃の下落で、ローンを支払えなくなった大家も多い。**新築でも、入居者が決まらない時代だ。**

二〇〇三年頃からの「サラリーマン大家」ブームで、物件を手に入れ、大家になってはみたが、実際に家賃からローンと固定資産税と修繕費を支払ったら、手もとにほとんど残らないことに気づいた人も多いと思う。

たとえ、収益が上がったとしても、今度は、国家に莫大な税金を納めなければいけない。

借り入れ金額の割には、さほど、儲からない商売だ。

客付けのために、莫大なリフォーム代金を投入し、多額の広告費数カ月分を賃貸不動産業者に支払って確保した入居者も、勝手な理由を付けて、すぐに退去する場合もアル。特に、ワン・ルームの場合、その傾向が顕著だ。

入居者が決まればまだいいほうで、リフォーム代金を数十万円投入してから、半年以上入居者が決まらない場合もアル。

全国の大家さんの悲鳴が聞こえる。

アメリカ合衆国のサブ・プライム問題しかり。

かつて、ワタクシが住んでいたロサンゼルスで、一九九二年から一九九七年に、一〇万ドル前後で売られていた家が三〇万ドルになった時、この価格はあきらかにおかしいと思った。陽気なアメリカ人は、空き担保を利用して、金利の高いローンを組み、生活費に充て、文明を享受シタ。どう考えても、借りすぎだ。

貸すほうも悪いが、借りるほうも悪い。

人によって、持っている資金、住んでいる場所、つとめ人の年収などのバック・グランドが違う。すでに資産を持っている人は、フル・ローンで**太い物件**を購入してもかまわないと思う。しかし、元々資産も無く、貯金もナイ人は、資産家の物件の購入方法を真似してはいけない。

ステキな高額物件が出てきた時、お金がナイ。どうすればいいのか？

買わなければいいだけの話だ。

この本は、元々、**資産はないが、何とかして、現状を打破したい人**のために書いた。

また、**自分の住む家を探している人**にも読んでもらいたい。

ワタクシの不動産購入の戦法は、

「借金ナシで、激安アパート経営」

のひと言に尽きる。

借金が無ければ、入居率が低下し、家賃が下落した時でも、何とかなる。

巨額なレバレッジをかけたい人でも、まず、無担保の物件をいくつか所有し、大家になる訓練をして、それから、太い物件を購入すればいい。

一冊目の**『ボロ物件でも高利回り　激安アパート経営』**（ダイヤモンド社）が出版された時、九七％の読者から、熱狂的な支持を得た。

ファン・レターも、五〇通くらい受け取った。ありがたいことだ。

しかし、三％の読者は批判的だった。

「そんな手法は、関東では絶対に無理。北海道でしか通用しない」

「**『鬼のような指値』**（商標登録申請予定）を入れて、売主様に申しわけないと思わないのか？」

実は、北海道だけが、特別に安いわけではナイ。ワタクシが個人的に教えている関東「図面舞踏会」の会員の「ジム鈴木」さん（仮名）は、群馬県で一戸建てを二六万円で購入し、毎月、四万三〇〇〇円で賃貸中。若干のリフォーム代はかかったが、表面利回りは、何と、一九八％と、ヤミ金並みの高利回りだ。

これには、ワタクシも驚いた。

若い主婦の「ひまわり」さん（仮名）は、千葉県にある、四〇〇万円で売られていたキレイな物件を、二三〇万円で購入シタ。

「安くていい物件がナイ」

と嘆いている人は、真剣に探していないだけだ。不動産屋の持ってくる情報だけを頼りにしていては駄目だ。自分で物件を探そう。

「鬼のような指値」についても、ワタクシは今まで、六〇〇棟くらい、現場に行って調査。うち、六〇棟くらいに買付を入れて、うち、一二棟が、売主様との価格合意に達し、譲っていただいた。打率でいうと、たった二割だ。

FAXで取り寄せた図面は数千枚、新聞紙上、PCの画面上で分析した物件の数は、おそらく、三万件くらいだと思う。

確かに、「鬼のような指値」で、売主様を激怒させたこともあった。しかし、自分の所有物件でもないのに、仲介不動産業者が激怒するのは、考えてみれば、変な話だ。要するに、仲介手数料が減るから怒るのだ。そんな場合は、満額で購入スル人が現れるまで、待てばいい。

実際には、「鬼のような指値」を入れても、八割は売主様に却下されている。途中、仲介業者に握りつぶされた買付証明書もあったかもしれない。

指値を入れたが、満額で購入シタ物件もアル。家から歩いて三〇秒の家だったので、どうしても欲しかった。

「鬼のような指値」の金額、もしくは、やや押し戻された金額で購入シタ物件の売主様は、ひとりを除いて、大喜びだった。

理由は、決済が早く、新券で現金を持参したからだ。

売主様によっては、すでに物件に愛着がなくなり、処分を急いでいる人も多数いた。特に、相続や引退の物件に多い。

いわば、人助けだ。

どうしても、その物件が欲しい人、お金が余っている人、売主様を傷つけたくない人は、満額を払って購入してもいい。

不動産は、「数のゲームだ」と、ドルフ・デ・ルース博士はいっていた。

確かに、物件を見れば見るほど、投資家としての腕が上がり、目が肥える。

莫大な数の物件を見ている人は、いい物件を購入している。

自分の住む家を探している人も、この本に書いてあることを応用してほしい。アメリカでは、推定で約九割の人々が、中古住宅に住んでいた。実際、ワタクシが住んでいたロサンゼルスでも、約六年間の間に、市内で新築を建築中の場面には一回しか遭遇していない。

日本では、中古住宅の評価が、不当に低すぎる。

銀行と建築業界が、新築を奨励スル。

また、国家も新築物件には、税制上の優遇を与えている。

しかし、逆にいうと、洗練された投資家にとって、これほど楽しいことはナイ。

価値のある物件が、これらの事情により、安い値段で売っている場合があるからだ。

要するに、ワタクシは、この**価格の歪みを機械的に買っているだけだ**。


自分の住む家を数千万円で建て、そのローンに三〇年間も縛られるなんて、イヤだ。

毎月の支払いはあるし、固定資産税も支払わなくてはいけない。家の修繕費もある。

そのため、毎月の小遣いも少なくナル。

今の時代、転職も当たり前だ。転職する場合も、自宅を所有している場合、通勤できる範囲で選択しなければいけない。

あるいは、つとめ先の会社自体が、何十年も持たない時代だ。

大きな家を建てても、将来的に、離婚や、子供がグレて、家出することも考えられる。

それなのに、危機感も無く、ローンを組み、家を建てる。

どうしても新築の家が欲しい人は、五〇代になって、この場所から絶対動かないと決めた時に、家を建てるといい。

もしくは、この本に書いている手法で、安い中古の戸建てを探して、自分好みにリフォームして住むべきだ。

家のローンを組むと、支払いのため、仕事がイヤになった時や、変な上司がいる場合でも、我慢して働かなければいけない。

よく、雑誌で、賃貸と持ち家の支払い比較の表が載っているが、その表には、所有するリスクと、ローンを支払う期間のリスクが載っていない。

今は、家やアパートを借りているほうが有利な時代だ。

これほど、新築のアパートも建っているし、入居率も悪い。その上、家賃も下がっている。

家賃に指値を入れても、大家さんは受け入れてくれる時代だ。

実際、洗練された投資家の白岩貢先生や、ナウでヤングな浦田健先生も、悠々自適なはずなのに、貸家に住んでいる。

アタマがいい。

ワタクシ自身も、自宅は所有していない。亡き父の遺した一戸建てに、年老いた母と二人で暮らしている。

自宅を新築するよりも、アパートメントや、貸家を買うほうが楽しいからだ。

現在、つとめ人を卒業しようと考えている人にアドバイスをしたい。

つとめ人を卒業スル前に、いくつか、貸家を購入スルことをおススメする。

ある程度の収入があれば、たとえ、無職になったとしても、しばらくは生活できる。

上司もいないし、部下もいない、快適な生活だ。

毎日が自分探しだ。


だらだらとした、くだらない生活を手に入れるため、必死になって物件を探した。

つとめ人を引退した現在でも、時々、忙しい時がアル。しかし、その忙しさは、自分の資産に対する仕事や、講演会、執筆活動などで、会社や上司のために働いているわけではナイ。毎日が楽しい。

読者の皆様にも、一日でも早く、こんなくだらない生活を手に入れることをおススメする。

借金ナシではじめる激安アパート経営

もくじ

第6章 洗練された大家になるために

第7章 つとめ人を卒業して望んだ生活を手に入れる

第 1 章

【実録】
指値を入れて購入した物件の現金決済方法

玉手箱物件に、指値を入れる

二〇〇八年三月二六日、夕張市に近い、栗山町の一戸建てを現金決済した。ワタクシの名義にしようか、母の名義にしようか迷ったが、結局、まだ収益物件を持っていない姉の名義にすることになった。

この物件、二〇〇七年一一月頃に、三八五万円で売りに出されていた。#二〇二(ワタクシが購入した2棟目の物件)「女子限定アパートメント」から、ストリートが二本手前で、同じ町内にあった。売り出し直後に、不動産屋に電話をして、

「二〇〇万円だったら買いたい」

と、希望金額を提示したが、却下された。

直後に、三五〇万円で買付が入った。しかし、一本目は自分で住みたいという人で、五五坪の土地は狭いと転進(新たな作戦のため、一旦退却スルこと)して、近所に九〇坪の中古住宅を六〇〇万円で購入。二本目は、転売専門業者のY社。しかし、決済直前に前面道路が私道だとわかり、こちらも転進。

二〇〇八年二月、北海道は大雪に見舞われた。こんな時、不動産の売買は停滞スル。ワタクシ自身も、二〇〇八年一月三一日の商業ビルの決済もあり、すっかり忘れていた。また、二〇〇七年一二月、二〇〇八年一月と、東京で講演会を実施していて、多忙だった。

そんな二〇〇八年二月、投資仲間の江戸マサヨさん（三〇代前半・仮名）が、この物件を見に行った。売主様が二年前、五〇〇万円を投入してリフォームしたという。リビングは無垢のフローリング。台所、ボイラー、ストーブ、洗面台、トイレ、風呂などが、全て新品に交換されていて、ピカピカだという。江戸さんはこの物件に二五〇万円という「鬼のような指値」（商標登録申請予定）を入れて、**美しく玉砕シタ**。

売主様が、三三〇万円以下では売りたくないといったそうだ。

そこで、最初、ワタクシは全く購入スル意思は無かったが、気になって見に行った。

「あけてビックリ、玉手箱」だった。

想像以上にいい。ピカピカに掃除されている。リフォーム後に取り付けられた機械の説明書が、キレイにファイルされて、保存されている。売主様の几帳面な性格が想像できる。ここまで完璧な中古物件は、初めて見た。しかも、「女子限定アパートメント」の近所なので、このあたりの状況は熟知している。郵便局、スーパー、ホームセンター、銀行、学校などが近所にあり、田舎の割には生活が便利な場所だ。

内部を見た瞬間、欲しくなった。問題は価格だ。痩せていて、やや弱々しい不動産屋の藤山さん（仮名）は、三三〇万円以下にはならないという。

最初は、二八〇〇万円で買付を入れようと思っていたが、この金額では買えそうにナイ。そこで、フンパツして、

「三〇〇〇万円」

という価格で、買付を入れた。藤山さんは、

「無理ですよぉ〜」

といいながら、両手をヘソの前で組み、腰をクネクネさせる。**ややオカマっぽいしぐさだ**。

「申し訳ないのですが、他に、誰も買うっていっていないじゃないですか？」

藤山さんは、眉間にシワを寄せ、困った顔をしていた。**この営業マンの困った顔を見るのが、たまらなく好きだ**。

「う〜ん……。わかりました。この価格で売主様にもって行きます」

すぐさま、台所の上で、買付用紙に記入。住所、氏名、決済日を書き、三〇〇〇万円と金額を記入。特約事項に、

想像以上にいい物件におどろく。売り値は385万円

「現状渡し。測量不要。必要があれば、三日以内に決済スル。但し、もしこの金額で譲っていただけるのであれば、長年にわたって手入れし、大切に保有します」

と書いた。また、今回の買付はワタクシの名義で入れるが、ひょっとして、この物件は、母か、姉か、妹の名義になるかもしれないとつけ加えた。

二日後、藤山さんから携帯電話に着信アリ。

「売主様とお話しました。三〇〇万円では無理ですが、三一〇万円でいかがでせうか?」

電話を握り締めながら、ニヤリと笑った。しかし、極めて冷静な口調で、こういった。

「わかりました。売主様がそういうならば、仕方がありません。ワタクシも頑張ります。その金額でお願いします」

決済までの家庭内の争い

決済まで、誰の名義にするか、家庭内で争った。ワタクシも、母も、姉も、妹も自分の名義にしたいという。

妹は、夫のタモリ氏（仮名）が、

「あんな田舎じゃ、入居者が決まらないよぉ〜」

と、反対したので転進。それでも、欲しいとあきらめが悪かった。

なお、二〇〇七年八月、田舎だから客付けが無理だと、タモリ氏の反対していた戸建て物件。結局、妹が二〇〇〇万円で購入。すぐに入居者が決まり、現在も毎月七万円でパキスタン人に貸している。利回り四二％だ。妹は、もう一軒購入して、早く看護師を引退したいといっている。

姉も、一四〇〇万円で売り出し中の入居者付の区分所有に、一〇五万円で買付を入れていたので、その返事が来るまでこの物件は買えない。

ワタクシはワタクシで、欲しかったが、一月に商業ビルを購入シタばかりで、無理すれば買えなくもなかったが、運転資金がタイトにナル。その上、あまり物件を購入スルと、納税金額も高くナル。

そこで、母の名義にしようと、ほぼ決定していた。

しかし、直前になって、姉が買付を入れていた区分所有の売主様が、

「一四〇万円で売っている物件に、一〇五万円で買付を入れるとは、なにごとだ。けしからん！　売り止めだ」

ということになり、転進。

そこで、母が、姉がまだ、自宅マンション以外、収益物件を一軒も持っていないのでかわいそうだ。といいだし、結局、姉の名義にすることにした。

資金は、母が本体価格の半分の一五五万円と諸費用を姉に貸し付け、収益を分配スルという、家庭内レバレッジ（商標登録申請予定）、もしくは、家庭内ファンド（商標登録申請予定）という方法を取った。

妹は、自分の名義にしたかったと、最後まで悔しがっていた。

あきらめの悪いオンナだ。恨むなら、夫のタモリ氏を恨めばいい。

なお、後日談になるが、決済終了後の二〇〇八年四月、初めて内部を見た母と姉が、自宅よりキレイだと、おおいに喜んでいた。

決済前日、新券で現金を用意する

二〇〇八年三月二五日、明日はいよいよ栗山町の一戸建ての決済だ。
姉の代理で、ワタクシが決済を代行スル。すでに、新券で現金を用意してある。
封筒を数枚用意して、ＣＡＳＨを支払先別に分けた。

本体価格・売主様。
・三一〇万円。
固定資産税・売主様に支払い。日割り計算。二七一／三六六日分。
・二万一八〇四円。
司法書士・登録免許税と報酬。
・一〇万八五〇〇円。
仲介手数料。
・一六万六五〇〇円。

合計。

・三三八万九一五四円。

明日は、一九時から、売主様宅で決済だ。平日の夜に決済する理由は、

・物件に抵当権がナイ。

・現金決済のため、銀行員の立会い不要。

・三月は法人の物件売却が多く、司法書士の菊池先生が多忙。

・翌日、すぐ登記スル。

・菊池先生とは、一二物件のうち、九棟の登記を依頼しているので、信用できる。

・現金決済のため、買主側は実印不要。

決済当日、売主様との対面

二〇〇八年三月二六日（水）。決済当日。一八時二〇分、自宅出発。ナウでヤングな八分ズボンのポケットに、現金約三四〇万円をねじ込む。八分ズボンは、ポケットが大きくて深いので、こういうときに便利だ。また、大金を持っていても、一見、土木作業員風味なので、誰も気がつかない。

カムフラージュだ。


予備で、財布に約四〇万円の現金を新券で入れておく。

売主様の現在の自宅近所の北広島東急ストアで、手土産のバーム・クーヘンを購入。

一八時五〇分、売主様宅到着。本日の決済場所だ。

売主様、その妹夫婦、藤山不動産親子が、すでに待っていた。手土産を、売主様に手渡す。

売主様は、十数年前に夫に先立たれた、とても上品な女性だ。六四歳という割には、まだ若い。

八分ズボンに坊主頭、口ひげというワタクシのファッションに、ややけげんそうな顔をスル。**あまりにもファッショナブルだからか？**

「あんなステキな物件を、寛大な価格で譲っていただき、ありがとうございます」

と、売主様に語りかけた。そして、世間話をする。

「今まで一一棟決済をして、今回、一二棟目の決済ですが、今まで購入シタ物件の中で、一番キレイな物件です。ありがとうございます。ワタクシ、恥ずかしながら、自分の家はまだ持っていません。死んだ親父の築三四万年の家に住んでいます」

（単位は、大げさに表現している）。

売主様は、家がキレイだと評価されて、うれしそうだったが、くだらないギャグに、藤山不動産（父）は、ムッとして、貧乏ゆすりをしている。重要事項説明を早く始めたいようだ。

今回、売主様の義弟が、決済を代行。会社役員の立派な人だ。

重要事項説明時の確認事項

さて、重要事項説明が開始された。藤山不動産（父）は、淡々と、機械的に重要事項を説明スル。物件の住所、土地面積、建物面積を機械的に読み上げる。

ここで、境界石は、ちゃんと入っているかを確認。藤山不動産（息子）が、

「本日、決済前、物件に行きましたが、雪に埋まっていて、境界石を確認できませんでした」

という。まあ、よしとしよう。雪が解けたら、確認スル。また、田舎の物件なので、大丈夫だ。坪単価が安いし、測量で三〇万円かかる。**それを理由に、値引きしてもらったので、仕方がナイ**。

但し、都会の坪単価が高い土地では、絶対に真似をしてはイケナイ。

さて、重要事項説明は続く。

・建蔽率　六〇％
・容積率　二〇〇％

・前面道路は私道
・幅、約五m
この時、ふと思い出し、物件について、売主様に確認。

水道の基本料金は八四〇円／月だそうだ。

三年前、約五〇〇万円投入して、フル・リフォームを実施。ストーブ以外は、オール電化。近代的な設備だ。火災発生の確率は低くなる。

昭和五四年に新築し、家族四人で住んでいたが、旦那様が亡くなり、二人の息子が進学と就職で家を出た後、一五年ほど、ひとりで住んでいたそうだ。一生住み続けるつもりで、五〇〇万円を投入してリフォームしたが、その直後に脳梗塞で倒れたため、妹夫婦の近所に引っ越したそうだ。時間が経てば、状況も変わる。ワタクシの父も、脳梗塞で倒れ、その三年後に他界した話をした。この時、口には出さなかったが、売主様も父も、体の自由がきかず、歯がゆい思いをしたと思う。

さて、重要事項説明の続き。構図、地積測量図、上水道、下水道の説明。建築した大工さんの名前も聞く。昭和五四年当時、八五〇万円で建築したそうだ。

「電機製品の説明書も、全て揃っている上に、きちんとファイルされていて、感動しました。今までで一番、きちんとしている売主様です。おまけに、きれいに掃除されています」

というと、横から売主様の妹が、

「引越し屋さんが、今まで引越しした中で一番きれいな家だと、姉を褒めていました」

という。決済中にも笑いが絶えない。楽しい決済だ。

さて、売主様から建築当時の設計図と、リフォーム時の設計図を受け取る。

そして、いよいよ、書類に署名・捺印。今回は姉の名義にするので、姉の住所と氏名を書き、その下に代理人のワタクシの名前を書く。

姉からの委任状を、藤山不動産親子に見せる。

印鑑は三文判。**嫁に行きそびれた姉も、未だ同じ苗字だ。**

契約書三通に、同じように書き、捺印。

売主様、買主、藤山不動産でそれぞれ保管。

決済開始から四〇分遅れて、司法書士の菊池先生到着。簡単な挨拶と名刺交換のあと、登記の書類にも署名、捺印。減価償却を多くとるために、土地一〇〇万円、建物二一〇〇万円で登記することを売主様に伝え、了承を得る。

この直後、固定資産税、仲介手数料、登記代金の支払い。

皆、真面目な顔をして、必死になって札を数える。美しい光景だ。

価値の高い物件を指値で購入できた理由

さて、いよいよクライマックスの物件代金・三一〇万円の支払いだ。

八分ズボンのポケットから、おもむろに紙袋につつんだ三一〇万円を取り出す。一同、こんなところに現金が入っていたとは想像もしていなかったようで、目がテンになっている。そして、口はポカンと開いたままだ。まるで、マギー司郎の手品を見ているようだ。皆、てっきり持参したカバンに入っていると思っていたようだ。このシーンは、今も時々、思い出しては笑う。**カバンはダミーだ。**

いつものごとく、菊池先生に、決済シーンの写真撮影を依頼。手馴れたものだ。

売主様と同時に立ち上がり、卒業証書を渡す要領で、

「この度は、こんなステキな物件を譲っていただき、本当にありがとうございます」

といいながら、両手に持った新券の三一〇万円を、お辞儀をしながら手渡す。

売主様もお辞儀をしながら両手を差し出し、受け取る。

「どうぞ、お納めください」

売主様に、安堵の表情が伺えた。

最後に、取引確認書に署名、捺印して無事、決済終了。

決済の時間は、全部で一一九分だった。


この価値のある物件を購入できた理由を分析した。
・買付が三本入ったが、直前で転進。
・売主様が、もう、住まない家だった。
・売主様が、貸家にするアイデアもなかった。
・三本目の買付の値段が低くて断った直後、地元大手ハウス・メーカー「木の城たいせつ」が倒産。この街の人口流出と地価下落が懸念された。
・「女子限定アパートメント」を持っていて、この街をよく知っていた。
・不動産投資に反対していた姉が、『ボロ物件でも高利回り　激安アパート経営』（ダイヤモンド社）を読んでから、考え方が変わった。
・売主様に、その妹夫婦が、リフォーム代金を融資していたという説もあり、現金化を急いでいた。

第 2 章

最初の資金調達と物件の探し方、指値の基準

低予算で人生をエンジョイしながら貯金する

最近、ワタクシが受け取るメールに、

「どうやって物件を購入スル資金を貯めたらいいのか?」

という質問が多い。

ワタクシも、最初は、アパートを買うためには、二〇〇〇万円くらい必要だと思い込んでいた。

しかし、売り物件を見ているうちに、一〇〇〇万円あれば、いいアパートを購入できることに気づいた。

一戸建てなら、二〇〇万円あれば買える。

四国のカリスマ投資家「うっちゃん」のCDインタビューを録った時に、彼女も、最初に三〇〇万円あれば、不動産を購入できるといっていた。

普通に会社に数年勤めて、真面目に貯金すれば、すぐに貯まると思う。

ワタクシも、アメリカから帰国した時は、ポケットにたった二〇〇ドルしかなかったが、一九九二年に渡米する前は、三年八カ月のつとめ人生活で、渡米資金を約五〇〇万円貯めた。

特に、節制した生活を送っていたわけでもない。今はほとんど飲まないが、当時は酒を飲み、タバコを吸い、ガール・フレンドともデートしていた。

ちょうど、バブルの頃だ。

しかし、その頃、大学生が三〇〇万円相当の新車のマークⅡに乗って、ローンを支払っていたのを見て、そこまでして新車に乗りたいのかと思った。

また、会社の先輩が、新車のスープラ・ターボAを購入し、給料日前にアルバイトのオバサンから、五〇〇〇円借りたという話を人づてに聞いて、それもおかしいなと思った。

将来に借金をして、文明を享受していた。

当時、ワタクシは、一〇万円で購入した、中古のイスズ・ジェミニに乗り、渡米資金を貯めた。解体屋で一本五〇〇〇円の中古アルミ・ホイールを買い、横須賀の街を流し、たまには**ジンガイ**（外人）の友人を乗せ、猿島までピクニックに行き、ゴキゲンだった。

低予算でも、十分、人生をエンジョイできる。

持ち家とクルマにかけるお金を考える

不動産もまたしかり。

当時、神奈川県に住んでいたが、都内のワン・ルーム・マンションが、一戸五〇〇〇万円になって驚いていた。そのあとすぐに、一億円になって、さらに驚いた。

普通に考えて、高すぎる価格の時は、何も買わないほうがいい。

現代社会で、金額の高いものは、持ち家とクルマだ。おしゃれな人は、洋服にもお金をかける。

家については、極力、所有しないほうがイイ。

特に、土地を調達し、家を建てると、一生かかってもローンを払いきれない。

家のローンの他に、維持費もかかる。

支払いに追われると、いい投資の話があった時に、**冒険スル資金**がなくなる。

いつも思うのだが、この傾向は、つとめ人で、いい給料をもらっている人が多い。新築の家に住み、三年ごとに新車を買い換え、おしゃれで高級な服を着ていたら、いつまで経っても、お金は貯まらない。

ここから、ワタクシが物件の購入資金を貯めた方法を公開しよう。但し、誰にもいってはイケナイ。

一九九七年一〇月に帰国した時の所持金は二〇〇ドル。

当然、クルマを買う資金もなく、当時、まだ生きていた父が乗っていた中古の軽自動車、赤いダイハツ・リーザを借りて乗っていた。

ロサンゼルスで、メルセデス・ベンツ450SELや、キャディラック・フリートウッド・ブロアムに乗って、ブイブイいわせていたワタクシは、敗北感を感じた。

赤い軽自動車の加速は悪く、路面でよく、後続車にアオられた。

「**いわれのないイヤガラセ**」を受けて、悔しい思いもした。

八万円の中古車から一二棟の収益物件へ

その後、姉が一二万円で購入シタ、中古のカムリを、八万円で譲り受け、二年間くらい乗った。

久々の、自分のクルマ。

たとえ、一〇年落ちの中古車であっても、嬉しかった。エンジンもよくマワり、案外、速かった。タイヤだけは贅沢をして、横浜の「アドバン・ネオバ」を履いていた。タイヤおたくで、雪の降る季節、冬タイヤを履いている時、ネオバを枕元に置いて眺めていた。

その後、車検が切れたので、中古のビスタ4WDを一二万五〇〇〇円で購入。四駆で、積雪のある北海道の冬道をよく走ったが、エンジンはカムリのほうがマワった。

カムリの車検を取って乗っていたほうが良かったと後悔した。

このビスタ、つとめ人の営業にも持ち込んでいたが、ある日、高速道路を走行中に、いきなりボンネットから白煙が出て、視界不良。エンジンが焼きつき、廃車。

真冬に高速道路上で、車を脇に停め、ＪＡＦの救出を待っている時ほど、ミジメなことはナイ。

廃車になったあと、一〇〇万円位の、中古のセルシオを購入しようかと思ったが、もう少し我慢して、貯金を貯めようと思った。

あの時、セルシオを購入していたら、一二棟も物件が買えなかったと思う。

そして、中古のチェイサー４ＷＤを購入。三〇万円の売値だったが、左フェンダーをコスって、ヘコんでいたので、一八万円にマケてもらった。このクルマは、現在も所有している。通称「大東亜決戦号」だ。

このクルマは、四年間乗っている。亡き父の名義にしているので、思い入れがあり、なかなか廃車にできない。

一〇年間のトータルで、クルマの購入金額は三八万五〇〇〇円だ。

エンジン・オイルさえ、五〇〇〇㎞ごとに、マメに交換していれば、ほとんど故障もナイ。

その分、貯金をして、不動産購入資金に投入シタ。

一〇〇万円の中古のセルシオの購入を我慢したら、一二棟の物件が購入できた。

二一世紀の「わらしべ長者」だ。

★……所有物件の中でNo.1の数字　　※1……自動販売機固定¥5,000/月を含む
※2……#1111、#1212は購入直後なので現在入居者募集中

（単位：万円）

	#707	#808	#909	#1010	#1111	#1212
物件名	旭川アパート 2006年3月購入	小樽市オタモイ 2006年6月購入	室蘭市戸建 2006年8月購入 全額回収	妹の戸建物件 石狩市 2007年8月購入	石狩市商業ビル ※2	姉の戸建物件 夕張郡栗山町 ※2
評価	B	B	AA	AAA	AAA	AAA
売出価格	250	700	50	250	500	385
指　値	220	450	15	180	400	300
購入価格	220	500	★20	200	450	310
値引率	12 %	28.57 %	60 %	20 %	10 %	19.74 %
購入時家賃/月	7.1	14.4	3.7	7	-	-
（満室時）	8.2	15.2	3.7	7	32	7.8
購入時利回り	38.73 %	34.56 %	★222 %	42 %	-	-
現在の利回り	25.63 %	16.8 %	★222 %	42 %	-	-
現在の家　賃	4.7	7	3.7	7	-	-
（満室時）	44.73 %	36.48 %	★222 %	42 %	（想定）85.33 %	（想定）30.58 %
	（2/3戸）	（2/4戸）	（1/1戸）	（1/1戸）	（0/5戸）	（0/1戸）

＜12棟の物件・主要データ＞

（単位：万円）

	#101	#202	#303	#404	#505	#606
物件名	Ki 札幌市東区 2004年7月購入 ほぼ回収	女子限定アパートメント 夕張郡栗山町 2005年3月購入 全額回収	小樽市母の物件 2005年5月購入	五十嵐荘☆改 札幌市東区 2005年10月購入 ※1	美人のお嬢様が住んでいた戸建 北広島市 2005年12月購入	鬼のような指値を入れた戸建 小樽市 2006年1月購入 全額回収
評価	AAA	AAA	AAA	AA	AAA	AA
売出価格	1,000	800	1,600	650	380	250
指　値	900	750	1,050	610	280	40
購入価格	950	750	1,200	500	380	55
値引率	5％	6.25％	25.0％	23.08％	0％	★78％
購入時家賃/月	8.4	20	26.8	9	7.5	5
（満室時）	25.2	24.38	27.5	11.3	7.5	5
購入時利回り	10.61％	32％	26.8％	21.6％	23.68％	109.09％
現在の利回り	30.69％	33.76％	27.5％	27.12％	23.68％	87.27％
現在の家　賃	24.3	21.1	27.5	11.3	7.5	4
（満室時）	31.83％	39.01％	27.5％	27.12％	23.68％	87.27％
	（6/6戸）	（7/8戸）	（6/6戸）	（4/4戸）	（1/1戸）	（1/1戸）

指値より安く買えた珍しいケース↑　下水逆流のため家賃を下げた↑

二〇〇八年四月、ようやく、少しだけ余裕がでてきたので、以前から憧れていた、

「メルセデス・ベンツ５００ＳＥＬ」

を購入シタ。

といっても、中古だ。見た目は、二〇〇〇万円から五〇〇〇万円に見える。

しかし、売値は七八万円で、試乗し、若干のクルマの不備を指摘し、北海道の不景気、サブ・プライム問題、円高・ドル安、原油高のマクロ経済を説明した上で、

「四〇万円だったら、購入してもいい」

と、**「鬼のような指値」**（商標登録申請予定）を入れた。四日間待っていたら、

「四〇万円はさすがに無理ですが、六〇万円にはなります」

と中古車屋にいわれ、たまには贅沢しようと思い、**清水の舞台から飛び降りる覚悟**で、その値段で購入することにした。

車検代と諸費用に一五万円支払い、総額は七五万円だった。

このメルセデス、けっこう速いし、運転が面白い。

サン・ルーフ、太いタイヤ、カーナビ、ＣＤチェンジャーも付いている。

新車で一六〇〇万円したクルマが、七五万円で購入できた。

本体ベースで考えると、新車の**三・七五％**で購入している。

激安物件を検索スル方法

激安物件を検索スル方法を教える。ワタクシは、不動産JAPANというサイトをよく使う。理由は、検索する場所を限定しなくてもいいからだ。

ほとんどの検索サイトは、五カ所から一五カ所の場所を指定しないと、検索できない。収益物件の場合、場所を限定して購入すると、高い買い物にナル。

検索方法を説明スル。北海道で検索する場合、北海道、中古戸建てで検索。場所を絞らずに、一〇〇〇万円以下で検索。価格の低い順番に並び替える。並び替えたら、安い順番に、購入できる範囲の物件から、機械的に詳細情報を見る。

いい物件だと思ったら、迷わず印字スル。A4用紙がもったいないと思ってはいけない。利回りがよければ、すぐに回収できるからだ。

印字した詳細情報を、じっくりと見直す。

翌朝、これはいけると思った物件のみ、不動産業者に電話を発信して、図面を取り寄せる。

この時、電話でわかることは、その場で聞く。

電話で、八割の仕事を終わらせておくべきだ。

いいと思った物件のみ、現地調査を実施スル。**この時、不動産業者と一緒に行ってはイケナイ。**理由は、外観を見ただけで、明らかに駄目な物件もあるからだ。一緒に行ったら、購入しない場合、気まずい。

また、**不動産業者のクルマに乗せてもらうと、主導権を握られてしまう。**あくまでも、自分主体で買い物に望もう。

外観を見て、いいと思った物件のみ、内部を見せてもらおう。

ワタクシの場合、**現地で電話を発信スル。**

「内部が見たいので、今すぐ来てほしい」

ほとんどの場合、嫌がられる。しかし、中には、これからすぐに行くという業者もアル。

その場合、現場で待機しながら、近隣の調査と聞き込みを実施スル。

すぐに行けないと断られた場合でも、その時、アポイントメントを取ればいい。

この作業をいい物件が出てくるまで繰り返す。

激安物件を見つけるためのツール

次に、激安不動産を探すためのツールをいくつか紹介しておこう。

【名刺にはお金をかける】

名刺は重要だ。特に、つとめ人の職業を明かしたくナイ人には必需品だ。ワタクシは、名刺にはお金をかける。三〇〇枚で二万円強だ。カラー印刷で、表には#一〇一「K・i」と#二〇二「女子限定アパートメント」の写真を入れている。裏面には『ボロ物件でも高利回り　激安アパート経営』（ダイヤモンド社）の表紙をそのまま使用している。何の職業か、すぐにわかるからだ。用紙も、厚手の高級紙を使用している。

よく、パソコンで自作の名刺を持っている人がいるが、すぐに捨てられてしまう可能性が高い。また、水が付くと、インクがにじむ。

なお、ワタクシの場合、肩書きは英字で「アパートメント　オーナー」と入れている。

受け取った人からの評判もいい。

著作のカバーデザインを使用（裏）

物件の写真をカラーで（表）

かつて、ハリウッドで俳優をしていた時、マドンナに、名刺を渡した。着物を着て、顔写真が入って、中央に漢字で名前を入れた。左側には日の丸と星条旗の国旗を入れた。日本人を前面に押し出した、俳優用の名刺だ。

マドンナに、

「アナタはデザインのセンスがある。そういう仕事に就きなさい」

と指導を受けたが、

「ワタクシは俳優になりたくて、アメリカにきているのだ」

といった。

あれから一五年。挫折して帰国し、不思議なことに、今はアパートの色のデザインも仕事のひとつになっている。

マドンナには、予知能力がアル。

名刺には、携帯電話の番号、電子メール・アドレス、D‐FAX番号を書いている。二〇〇八年一月に購入した商業ビル物件も、約七カ月前に遭遇して、名刺を渡しておいた仲介不動産業者からの連絡だった。この人には、一度しか会っていない。「図面舞踏会」やセミナーに出席した時にも、役に立つ。

【物件検索・FAXの受信等に必須のパソコン】

パソコンが好き、嫌いにかかわらず、今や必需品だ。物件検索、物件の写真の受信、D‐FAXの受信等、パソコンがないといい物件を探し出せない。

ワタクシは、ノート型パソコンを特におすすめスル。理由は、出張先まで持ち運べるからだ。二〇〇八年一月に購入した商業ビル物件も、パソコンがなかったら購入できなかったと思う。

この時は、白岩貢先生の「アパート投資の王道」の講演会で講師をするために、東京に出張していた。

携帯電話で連絡を受け、直後に、PCで図面を受信した。出張先で図面を分析できた。図面を見た時点で、ほぼ、購入を決めた。

パソコンは、東芝のコスミオ。一七インチ画面だ。大きくて画面が見やすい。ズーム機能も付いているので、すぐに写真や図面を拡大できる。

外部キーボードも付けている。入力が楽だ。

マウスは、ロジクールのワイヤレスを使用。一個一万円前後するが、手元に付いているボタンで、拡大・縮小ができるので操作が楽だ。

「お気に入り」には、不動産JAPAN、不動産なび、ヤフー不動産、楽天不動産、地元の不動産業者のHPなどを入れている。すぐに検索できるので便利だ。

おすすめサイトのURL

不動産ジャパン
http://www.fudousan.or.jp/
不動産なび
http://www.misawa-mrd.com/
Yahoo! 不動産
http://realestate.yahoo.co.jp/
【楽天市場】不動産・住まい
http://www.rakuten.co.jp/category/house/

【携帯電話の即時性が値引きに役立つことも】

携帯電話も必需品だ。特に、物件調査に行った時、現場から不動産業者に電話を入れると、説得力がアル。

二〇〇八年一月に購入した商業ビルの現地調査

に行った時も、現場から電話をして、外壁の傷みと、リフォームの必要性を主張した。五〇〇万円から絶対に値引きしないといわれていたが、四〇〇万円で買付を入れ、四五〇万円で購入できた。結局、一本の電話で五〇万円も値引きしてもらった。ありがたい。

予備も含め、二本あると更にいい。

【迅速な行動ができるクルマも必需品】

クルマも必需品だ。理由は、深夜でも物件をすぐに調査できるからだ。商業ビル購入時も、千歳空港の駐車場に停めておいたクルマに飛び乗り、約六〇㎞離れた物件まで、直接向かった。

北海道の場合、４ＷＤが望ましい。理由は、山の中を走ったり、凍結路面を走ったりするからだ。

ワタクシの愛車は、一八万円で購入した、通称「大東亜決戦号」だ。ボディーがボコボコだったため、安く購入できた。ボディーの傷は、走りには関係ナイ。エンジンは、すこぶる快調だ。所有物件の巡回にも役立っている。痛んだボディーも、逆に、山道や悪路を走る時、気兼ねなくアクセルを踏める。

「鬼のような指値」（商標登録申請予定）を入れる基準

『ボロ物件でも高利回り　激安アパート経営』（ダイヤモンド社）が出版されてから、全国で「鬼のような指値」を実施スル人が増えた。

しかし、案外、購入まで至ったという人は少ない。

何故だろう？

むやみやたらに「鬼のような指値」を入れても、購入できなければ意味がナイ。善良な売主様を怒らせるだけだ。

こんなワタクシでも、#五〇五「美人のお嬢様が住んでいた戸建物件」は、三八〇万円の満額で購入している。

実はこの物件も、二八〇万円という金額で指値を入れたが、押し戻された。しかし、特約事項に上乗せできるという一文を付け加えておいた。

美人のお嬢様が住んでいた戸建て。売り値で購入（380万円）

自宅から歩いて三〇秒という距離と、自宅の斜め後ろにある妹夫婦（通称・タモリ夫婦）の家と同じストリートにあったからだ。

ワタクシにとっての、こんないい立地条件の物件は、おそらく、二度と出てこないと思った。

現金で決済後、抵当に入れて、国民金融公庫から、金利二・〇％で、四〇〇万円を借りた。その時の評価額は、リフォーム前で八〇〇万円だった。これが、唯一の金融機関からの借り入れだ。残債は、二〇〇八年四月現在で約三〇〇万円だ。

金融機関と不動産業者の付ける価格に、二倍の開きがあった。

要するに、明らかに値付けの甘い物件に関しては、満額でも購入していい。そんなステキな物件は、必ずライバルが現れる。ライバルが満額を入れたら、購入できない。

しかし、「鬼のような指値」を入れてもいい物件もアル。それは、売れ残った物件と、「放置プレイ」（商標登録申請予定）を実施されている物件だ。

価格が下がった直後の物件にも有効だ。売主様が、弱気になっている、もしくは、売り急いでいる証拠だ。

物件によって基準は違うが、ワタクシの場合、売り出し価格の五五％が適正な価格だと考えている。

やや押し戻される位の指値がいい。もし、指値がそのまま通る場合、指値が甘いということだ。却下された場合、指値がキツイということだ。

今でも、適正な指値がわからない時が多い。おそらく、これは永遠のテーマである。

第3章

日々の行動が激安商業ビルの購入につながる

不動産投資での再生を旧知に報告

二〇〇八年一月二四日、かつて、大恋愛した昔の恋人、ミッシー（仮名）と、一〇年ぶりに品川駅で再会シタ。

ミッシーとは、バブルの頃、横須賀で知り合った。その後、ワタクシが渡米し、ハリウッドで俳優を目指していた。六年の滞米中、ミッシーは二回、アメリカに来た。

ミッシーと会わなかったここ一〇年間の報告をした。

ミッシーのことを気に入っていた父が、二〇〇四年九月に他界したことを報告して、肩の荷がおりた。

ハリウッドで、俳優として挫折し、たった二〇〇ドルを握り締め帰国し、落ち込んでいたワタクシに、

「貴方は働かなくていいの。芸人を続けて。私が生活の面倒をみるから」

とまでいってくれた。

その優しさに、オトコとして耐えられず、別々の道を歩むことになった。

その後、再渡米を目指して、約三年間のアルバイト生活で「労働力投入」（商標登録申請予定）したこと。

短期間で再渡米資金を稼ごうと思い、タクシーにも乗っていたこと。

そのタクシー・ドライバーも、売り上げが上がらずに、三カ月でクビになった。

恥の多い人生だった。人間失格状態だった。

その後、出版社にひろってもらい、書店営業の仕事をしていた。

父も喜んでいたが、数カ月後、脳梗塞で倒れ、三年間ぐらい介護をしていたこと。

北海道を離れることができなくなり、つとめ人として頑張っていくしかなかった。

少しずつ貯金をしたこと。

現在は、不動産で再生シテ、少しは余裕がでてきたこと。

ミッシーも喜んでくれた。

そんな時、突然、携帯電話に着信があった。

「すぐに買います」が効いて重要情報をゲット

七カ月前、札幌市南区の売り戸建て物件の隣の物件で遭遇して、名刺交換していた不動産屋からだった。

「加藤さん、急に、売りビルが出てきたのですが、買いませんか？　最初は、一四五〇万円で売っていたビルです。今は破格の五〇〇万円になりました」

「何故、そんなに安いのですか？」

「実は、売主様の娘婿が、香港で事業に失敗し、その補填のために、すぐに現金が必要だそうです」

「わかりました。すぐに図面を送ってください」

といって、パソコンで受信できるＤ－ＦＡＸの番号を教えた。

二三時、ミッシーと共に品川駅まで行き、電車が発車するまで、一緒にいた。ミッシーは、電車が見えなくなるまで、手を振り続けていた。

世田谷区上野毛の、友人であるヒロシ夫妻の所有するマンションのゲスト・ハウスまで帰った。

帰宅後、不動産屋から、ＦＡＸで図面が届いていた。

・売りビル　五〇〇万円
・北海道石狩市花川南
・土地　五三・九五坪
・建物　六三・二七坪
・一九七九年築
・近隣商業地域
・テナント五戸

図面を見た瞬間、この値段は安いと思った。すぐに欲しくなった。少し気になったのは、現在、全て空いている。テナント・ゼロの状態だ。要するに、収入が全くナイ。

しかし、これは原因を調査し、自ら営業活動を実施すれば、克服できると思った。

吹雪の中でも、すぐに現地調査に向かう

さて、世田谷区上野毛のゲスト・ハウス。最初は、二〇〇八年一月二六日（土）まで借りる予定だったが、ほかの人が二六日から借りることになり、急遽、一月二五日（金）に北海道に帰ることになった。

実は、この急な予定変更が、後に幸運に転じる。

一月二六日（金）、ヒロシご夫妻に羽田空港まで車で送ってもらった。一八時、千歳空港着。

猛吹雪の中、空港に停めてあった通称「大東亜決戦号」（一八万円で購入した、トヨタ・チェイサー、二五〇〇、4WD）に飛び乗り、約六〇km離れた石狩市の売りビルまで走った。

過酷な「労働力投入」だ。

走行中、何故ワタクシは、こんなにまでして吹雪の中走るのか？　東京で、白岩貢

先生の主宰する「アパート投資の王道」で講演会をして、大盛況だった。その後、出版社二社と、次回の書籍についての打ち合わせをした。ダイヤモンド社から『ボロ物件でも高利回り　激安アパート経営』も出版して、ファンレターも五〇通くらいもらった。印税も入った。アパートと貸家も、合計一〇棟に増えた。

これ以上、物件を増やしても、仕事が増えるだけだ。まして、今度のビルは、五戸全部空いている。せっかく増えた貯金が減るじゃないか？　オマエ、頭がイカレたんじゃないか？

そんな否定的な意見が、頭の中で渦巻く。

そのネガティブな意見を打ち消すために、氷点下の吹雪の中、ひたすら、アクセルを踏む。路面が凍結しているため、時々、マシンが横滑りをする。やや、カウンターを当てながら、目的地までひたすら走る。東京生活での大きな荷物も、後部座席に積んだままだ。

一九時三五分、約束より五分遅れて、札幌市北区麻生の賃貸不動産J社に到着。百戦錬磨の川村店長をピック・アップ。通称「劇団ひとり風味ナ店長」だ。

すでに、東京を発つ前に、この物件を一緒に見に行く約束をしていた。

優先順位が一番の仕事とは

物件に到着した時には、すでに二〇時を回っていた。走行中、一時の方向に物件が見えた時の第一印象は、

「案外、キレイだ。その上、ボリュームがある」

と思った。

五〇〇万円の売値だったので、もっとボロボロだと思っていた。助手席に乗っていた「劇団ひとり風味ナ店長」も、

「意外と、きれいですね」

という。

クルマを停めて、周囲を確認。50㎝位、雪が積もっている。車の中に長靴を積んでいたのも忘れ、そのまま雪の上を歩く。八分ズボンの裾に雪がまとわりつく。

建物の造りは、築二九年の割には、しっかりしている。

ガラス越しに、一階のテナント部分も見える。二戸とも、内装はまあまあキレイだ。

若干の美装は必要だが、許容範囲である。

二階に通じる入り口に、鍵がかかっていない。

「どうしますか？」

劇団ひとり風味ナ店長が、心配そうな顔でワタクシに聞く。

「よし、突入だ！」

「え〜？　突入ですか？」

劇団ひとり風味ナ店長は、完全にビビッている。**目がテンになり、腰が引けている。**

無理もない。仲介業者には事前に内見の許可を得ていたものの、電気は完全に止まっていて、内部は真っ暗だ。

意を決し、ドアを開け、階段を昇る。誰かがパンチを入れたのか、右側の壁に肩の高さで、穴が開いている。

八坪×三戸のうち、一番手前の部屋から、内部を確認。電気のブレーカーを上げてみたが、やはり照明は点かない。

電力会社が、電気の供給を止めているようだ。

劇団ひとり風味ナ店長が、携帯電話を開く。

わずかな明かりで、壁と天井と床を確認。案外キレイだ。

念のため、持参したデジタル・カメラで写真撮影。全くの暗闇だが、フラッシュの明かりで、現状が確認できる。

この部屋は、大丈夫だ。

続いて、二階の真ん中の部屋。

ドアを開けるとき、引っかかって「ギー」っと、音がする。暗闇でこの音は不気味だ。劇団ひとり風味ナ店長の顔が引きつっている。

ドアの建て付けが悪いようだ。しかし、数万円で修復できる範囲だと思う。この部屋も、美装だけで貸せそうだ。

窓際に手書きの「売ビル」の看板が掲げてあるが、下半分が窓に付着した雪に隠れて外からは見えない。これでは、誰も売りビルだと気づかない。

そして、奥の部屋を確認。

この部屋は、駄目だ。

天井に、雨漏りを修復した跡がアル。床のクッション・フロアーも、水分で波打って、半分、ハガレかけている。

しかし、天井を淡い黄色で塗装して、床に新品のクッション・フロアーを張れば、一〇万円以下で修復できると判断シタ。

最後に、廊下の突き当たりにある流しとトイレを確認。流しは、装備は古いが、磨けばまだまだ使用できそうだ。

二個あるトイレも、まだ使える。しかし、和式だ。

写真も全部で一五枚位撮影。

視察時間は、一五分位だったと思う。

離脱直前、

「加藤さん、もし、ひとりでもこの物件に突入していましたか？」

劇団ひとり風味ナ店長が訊く。

「もちろん。お金になりそうな仕事は、優先順位一番でやらなければダメだ」

と答えた。

「ところで、この物件、どう思う？」

「いいと思います。この値段は安いと思います。入居者も決まりそうな気がします」

「ワタクシもそう思う。但し、もう少し調査が必要だ」

一旦、建物の外に出て、左隣のケーキ屋さんに入る。ケーキを買いながら、隣のビルの歴史を聞くが、あまり参考になる意見は聞き出せなかった。

あとで知ったのだが、売主様と仲が良くなかったらしい。

物件の聞き込み調査で成果が出る場所

ケーキ屋を転進シテ、右隣にある「カトちゃん食堂」に入る。人柄のよさそうなマスターが、ひとりで新聞を読んでいた。工作活動の開始だ。

しょうゆラーメン大盛を、二つ頼む。

このマスターは、売りビルの歴史について、色々、詳しく教えてくれた。

・数年前まで、満室だったこと。
・ここ二年、テナントが入っていなかったこと。
・テナントは、一階の二〇坪の部分に「万秋庵」（仮名）という洋菓子屋が入居していたが、数年前に業務縮小で撤収シタ。
・一階の一〇坪の部分は、花屋が入っていたが、友人がビルを建てたため、五〇〇〇円高い家賃で、その新築物件に移り、現在も近所で営業中。
・二階には、学習塾が入っていたが、近所の新築物件に移り、現在も営業中。

・二階には、動物病院も入っていた。
・隣地の空地は、現在、雪捨て場になっている。オーナーが斜め向かいで行政書士の事務所を開業しているので、直接、交渉してみるといい。

どうやら、現在、テナントが入っていない理由は、物件の問題ではなく、募集活動とリフォームを、積極的に実施していなかったためだと判断シタ。

また、状況から考え、オーナーが高齢の方だと推定シタ。

営業力とリフォーム次第で、何とかなりそうだ。

マスターにお礼をいい、店を後にした。**ラーメン二杯で一四〇〇円だったが、二〇〇〇円置いてきた。**マスターにはいたく、感謝された。こんなにステキな情報を教えてもらって、ワタクシもうれしい。

帰りの車内で、劇団ひとり風味ナ店長と話した。

購入しても、何とかなりそうだという結論に達したが、念のため、昼間の明るい時間帯に、再度、調査が必要だ。

車の中から、仲介業者に、買付申し込み用紙をFAXするように依頼シタ。帰宅して受信したFAXに、金額以外の条件を記入して、捺印しておいた。

現場から元付け業者に電話を発信スル作戦

二日後の一月二七日（日）、アンニュイな午後、再び、物件調査を実施。今度はひとりで行く。このほうが、時間を気にせず、納得のいくまで調査できる。

建物の確認。外壁は、三年前に塗装したと聞いていたが、もっと前に塗装しているはずだ。鉄部の部分から流れ出た錆が、外壁に付着している。また、退去したテナントの看板とテントの跡が残っている。

許容範囲ではあるが、外壁塗装を実施したほうがイイ。もし、塗装する場合、＃一〇一「Ｋｉ」と同じ、ナス紺に淡い黄色、そして、周囲は黄金のラインを入れる。

二階に突入し、内部を確認。一番奥の部屋以外は、美装だけで貸せると判断シタ。

やはり、明るい時に物件を見ないとダメだ。

「カトちゃん食堂」で紹介された、空地の所有者の行政書士事務所の呼び鈴を押すが、日曜日のため、不在。転進シタ。

現場から、看板に書いてあった元付け業者に電話を発信。現場から電話をすると、

明るいところで見た物件。現地から電話を入れる

説得力がアル。

この作戦は、CDで対談しているjm48222こと、松田ジュン氏に教えてもらった。ありがたい。

元付けの仲介不動産業者は、五〇〇万円以下にはならないという。

しかし、外壁の塗装が必要なこと、二階の奥の部屋が、玉砕しかかっていること、天井に雨漏りの修復歴があることを告げた。

「では、いくらなら買いますか?」

「**ワタクシの基準では、三五〇万円ですよ**」

「それは、絶対無理」

「それでは、**本日、買付を入れます。**現状渡し、測量不要、必要があれば、三日以内に決済スル、の条件で、**もう少し値引きしてください。**但し、一階のテナント部分は、中に入れないので、その部分を確認できたら、**若干の上乗せは可能姉妹です**」と伝えた。

「わかりました。多分、無理だと思いますが、希望の価格で買付証明を入れてください。売主様に聞いてみます」

「了解。まだ少し、調査したいことがあるので、買付証明書をＦＡＸするのは、深夜になると思います。また、買付証明書は、どちらに送ればいいですか？　紹介してくれた業者ですか？　それとも、元付け業者のアナタですか？」

「私に送ってください。加藤さんに紹介した業者には、私から説明しておきます」

「了解。それがスジだと思います」

この直後、再び「カトちゃん食堂」に行った。マスターには、この物件を多分買うと伝えた。もっと聞きたい話がたくさんあったが、この時は、出前の準備で忙しかったようで、あまり話ができなかった。お礼をいい、今回もしょうゆラーメンの大盛を食し、定価より多めに代金を支払った。

その後、劇団ひとり風味ナ店長の店に行き、**緊急作戦会議を実施**。店舗のスタッフも交え、どんなテナントが入りそうか考えた。塾、ピアノ教室、スナックなど。
帰宅して、しばし、物件の購入価格について考えた。仲介業者から届いていた書類を再び確認して驚いた。

なんと、満室時の年収は三八四万円になっていた。

あまり、低い価格を記入しても、売主様に断られたら、元も子もナイ。

すでに、「その他の条件」に、

「測量不要、現状渡し、必要があれば、三日以内に決済。価格については上乗せ可能。但し、内部調査を必要とスル」と記入してある。

一時間くらい考え、購入希望価格を四〇〇万円とした。

手付金を一〇〇万円。決済金を三〇〇万円。希望契約日を四日後の二〇〇八年一月三一日とした。

そして、「その他の条件」の下に、こう付け加えた。

「もし、あの物件を譲っていただけるのであれば、末永く、手入れして、保有し続けたいと思っております。よろしく、お願い致します」

一月二七日の二三時五五分、買付申込書をＦＡＸ送信シタ。

決済日を決めてからの迅速な行動

　翌日の一月二八日（月）、午前一〇時頃、まだ眠っている時に、枕元の携帯電話が鳴った。

「加藤さん。売主様に連絡が取れました。売主様は、四五〇万円以下では売らないといっています。どうしますか？」

　寝ぼけながら、一秒間、考えた。

「わかりました。四五〇万円で購入させていただきます」

　仲介業者は、売主様に連絡してみるといい、一旦、電話を切った。

　数十分後、再び携帯電話が鳴った。

「加藤さん。売主様の許可が出ました。手付金を本日中に、売主様宛てに一〇万円、振り込んでください。登記する司法書士の先生は、加藤さんが決めてもかまいません」

　電話を切ったあと、今まで購入した物件一〇棟のうち、七棟の登記を依頼した、菊池司法書士事務所に電話を発信。スケジュールを調整して、決済日は二〇〇八年一月三一日の一八時三〇分に決定シタ。

決済日が決まると、あとは早い。

アンニュイな午後、郵便局から貯金を二〇〇万円出金。母から、金利二％前後で二〇〇万円借りた。その後、北海道銀行に行き、五〇万円出金。ATMで、みちのく銀行から五〇万円出金。これで、諸費用込みで五〇〇万円揃った。

ATMから手付金の一〇万円を、売主様に振り込む。

北海道銀行の窓口で、五〇〇万円を全て、新券に交換。この時間、二五分間くらいだったと思う。

封印のついた一〇〇万円の新券の札束五つ、合計、五〇〇万円を袋に入れ、**八分ズボンの右ポケットに詰め込む。**

クルマに同乗していた母が、最近オープンしたディスカウント・ショップ「コストコ」に行きたいというので、クルマで向かう。

店内は、大混雑。

高級腕時計も販売しており、ロレックス「サブ・マリーナ」の青ダイヤル、金とステンレスのコンビネーションのブレスレットの、カッコいい時計が七八万円で売っていたので、**思わず購入しようかと思ったが、少し考えてやめた。**

一四五〇万円の商業ビルが四五〇万円になったワケ

五〇〇万円を八分ズボンのポケットに入れたまま、店内で一〇〇円のコーヒーを飲み、東京で購入したドナルド・トランプとロバート・キヨサキの共著『あなたに、金持ちになってほしい』を読む。

三五二ページの、

「今、きちんと管理されていない物件を安く買えば、それがいい投資のチャンスになる可能性があることを意味する」

の部分が、やけに印象に残る。今回の売り商業ビル物件は、まさにそれだ。

一月二九日（火）。決済の準備のため、現金を小分けスル。

・物件本体残金　四四〇万円
・仲介手数料　二〇万四七五〇円
・登録免許税＋司法書士手数料　一六万九〇五〇円

・固定資産税一一カ月分　　　　　　　　一一万三六〇〇円
合計　四八八万七四〇〇円。

一月三一日（木）大安。決済当日。

一八時半からの決済なので、時間を持て余す。前日に三〇cm位の降雪があったので、本田の除雪機で、除雪しようかと思ったが、決済前に何かあってはいけないと思い、一五時から一六時まで、**仮眠を実施シタ。**

一七時に家を出発。吹雪の中、クルマで決済場所の菊池司法書士事務所まで向かう。

一七時五〇分、現場に到着。

仲介不動産業者三人、菊池先生が揃い、最後に、売主様ご夫婦が到着シタ。

全員が揃ったので、予定より一五分早く、決済が始まった。

売主様は、旦那様八〇歳、奥様七三歳のお年を召した上品なご夫婦だ。予想が的中シタ。

「こんなステキな物件、ありがたい価格で譲っていただき、感謝しております」

といって、深々とお辞儀をした。

宅建主任者から、重要事項の説明が始まった。

途中、建物四〇〇万円、土地五〇万円で登記を依頼していたが、逆になっていたので訂正してもらった。減価償却のためだ。

三〇分間くらい、説明が続いた。

説明の間にも、売主様とお話をする。二九年前に、一級建築士である奥様の妹の旦那が、この物件を設計したそうだ。かなりしっかり建設した物件である、とのこと。当時の建設価格で一五〇〇万円投入したそうだ。

二年前から、一四五〇万円で売りに出されたが、なかなか売れず、九三〇万円に価格が下がり、買付が二本入った。

しかし、一本は、一三〇〇万円のオーバー・ローンを申請し、不動産屋さんに却下されたそうだ。もう一本は、やはり、一〇〇〇万円以上欲しいということで、売主様が断ったそうだ。

しばらく、買付が入るのを待っていたが、突然、香港に住む娘婿のビジネスが悪化し、財務がタイトになった。

急に現金が必要となり、五〇〇万円で売りに出された。買い取り業者が、五〇〇万円で購入することになったが、**決済前日、資金が用意できなくなり、ワタクシに白羽の矢が立った。**

物件を維持する考えが売主様を動かした

重要事項の説明も終わり、書類に署名、捺印。いよいよ現金の受け渡しだ。

その前に、奥様から、こういわれた。

「**私、あなたの書いた買付証明書の『もし、あの物件を譲っていただけるのであれば、末永く手入れして、保有し続けたいと思っております。よろしく、お願い致します』の文章を読んだとき、思わず泣いてしまいました**」

ご高齢のこの売主様夫婦。新築時から所有していたので、思い入れもあっただろう。旦那様は、夏に草刈を毎年実施していたことを、楽しそうに話してくれた。物件を解体せずに、リフォームして維持しようとするワタクシの考えが、心を動かしたようだ。

本当は、この世を去るまで所有して、子孫に相続したかったようだ。

「**こんなにいい買主さんに購入してもらって、本当によかった**」

と、感謝された。

ワタクシもうれしい。決済に立ち会った人々も、感動していた。誰かが、こうつぶやいた。

「今回の売買、本当にいい縁があった」


さて、現金の受け渡しの時、座ったままだと、八分ズボンに袋に入れた札束が引っかかり、なかなか出てこない。

一旦、立ち上がり、ポケットから五〇〇万円の入った袋を取り出す。

ポケットに現金が入っていたので、一同、おおいに驚く。

マギー司郎の手品のようだ。

さらに、四〇〇万円以外は、小分けされ、**大入り袋に入っていたので、皆、大喜びだ。**それぞれに配給すると、皆、自分のお金を数え始めた。この光景は、何度見ても面白い。

お金を渡した後は、話は早い。一〇分位で決済終了。トータルの時間で九〇分位だった。売主様を一階の玄関まで見送る。八〇歳の旦那様、ご自分でクルマを運転して、岩見沢から札幌市豊平区まで来ていたのには驚いた。

かたい握手をして、別れた。

クルマが見えなくなるまで、見送った。

すてきな取引が電撃戦で成功した理由

さて、今回、様々な幸運が重なって、この商業ビル物件が買えた。情報を知ってから八日目。買付を入れた四日後の決済だった。電撃戦だ。運よく譲っていただけた理由を述べる。

・連絡をしてくれた不動産業者は、二〇〇七年六月二一日（木・大安）、札幌市南区の売り戸建物件を見に行った時、横で作業をしていた業者だった。この物件、確か、三〇〇万円で売りに出されていて、一二〇万円で買付を入れたが、玉砕した。

・この時、この不動産屋さんと、名刺交換していた。また「いい物件があれば、すぐに買います」と、話をしていた。

・電話があった時、東京にいたが、パソコンを持っていたので、すぐにＤ－ＦＡＸで、図面を受信できた。

・土曜日まで東京に滞在する予定だったが、借りていたゲスト・ハウスに予約が入り、金曜日に北海道に戻ることになった。
・疲れていたが、千歳空港から物件に直行した。
・「劇団ひとり風味ナ店長」が、同行してくれた。翌日の土曜日はアパートの案内で、スケジュールが詰まっていた。
・「カトちゃん食堂」で、近隣の調査ができた。
・真冬に物件を直接見に行くライバルがいなかった。
・この数週間前、三〇〇万円の一戸建てに、一五〇万円で買付を入れたが、玉砕。二五〇万円まで出せば譲るといわれたが、深追いしなかった。もし購入していたら財務がタイトになっていた。
・売主様が、決済を急いでいた。
・全空の理由が、物件に問題があるわけではなく、募集方法がよくなかったためだと判断できた。
・売主様がご高齢で、積極的に募集活動をするタイプではなかった。
・売主様も、累計家賃収入が、推定で一億円以上あったので、この価格で売却しても、WIN‐WINの関係が築けた。

・決済直前に破談になったことが、最近、二回あった。

二〇万円の一戸建てを二〇〇六年八月に購入して以来、一年五カ月、物件を購入していなかった。

もちろん、その間、何十本も買付は入れた。二〇〇七年八月には、二〇〇万円のすばらしい戸建てを発見したが、これは妹の名義にした。現在、毎月七万円でパキスタン人に貸している。表面利回り四二％だ。

じっくりと物件を探している間に、ＣＡＳＨが少し貯まった。

こんなすばらしい取引に、時々、遭遇スル。

今回、もし以前の家賃で満室になれば、年収三八四万円。若干のリフォームが必要だが、表面利回りは八五・三三％になる。

物件本体も、しっかりした造りで、あと二〇年以上は持つと思う。

頑張って、この原稿が本になる頃には、満室にしたい。

ありがたい取引だった。

この物件は、二〇〇八年四月に、外壁塗装を実施シタ。

第4章

入居者の募集と自主管理のノウハウ

「女子限定アパートメント」の班長制度

アパート経営を続けていると、失敗談もアル。ワタクシ、北海道夕張郡栗山町に、#二〇二「女子限定アパートメント」を所有している。

二〇〇五年三月に、八〇〇〇万円で売りに出されていたこのアパートメントに、七五〇〇万円で指値を入れ、その金額で現金決済。

購入時、相場よりもかなり安い家賃で賃貸されていたにもかかわらず、利回り三二％だった。

その後、入居者の入れ替わりがある度に、徐々に適正な家賃に戻し、二年目には三五・二％。三年目には、約三八％の表面利回りになった。

入居率も九九・一％を誇り、購入三年目で、投資金額を全て回収した。

利回りが高いと、大家も楽だ。

入居者のほとんどが、近所の専門学校に通うハタチ前後の女学生で、購入してからしばらくは、うれしくて仕方がなかった。

購入当時は、まだつとめ人だったが、うれしくて週末になると、掃除のために通った。物件のそばに行くと、**女性用の甘いシャンプーの香りがシタ。**

しかし、慣れてくるとあまりにもつまらない仕事だったので、アパートの運営方法を考えた。

それは、女学生の中から、班長を選出し、アルバイト代を渡して、掃除やリフォームなど、簡単な仕事を任せるという、方法だ。

班長には、何かあったら、すぐに連絡するように伝えた。歴代の班長は、通称「巨乳班長」「美人班長」「アイドル系班長」と、素直で従順なオンナノコ達だった。

しかし、いくら可愛いからといっても、触れるわけにはいかない。そんなことをすると、すぐに「**エロ大家**」とレッテルを貼られ、今後の入居募集に響く。

ストーブやボイラーの故障などで、部屋に入らなければいけないこともあったが、そんな時は正座して、半径二m以内に近づかないように心がけた。

何か話しかけられても、

「ハッ」「ハッ」

と、サムライのような返事をして、できるだけ短い会話で済ませた。そして、用事が終わったら「では、オジサン、忙しいので」といい残し、すぐに帰った。

近隣の学生に入居を期待するリスク

さて、物件購入後、一年目は、入居希望者を二人断ったのだが、二年目あたりから、入居状況に変化が生じた。近所の学校の学生数が減ってきた。また、二年制のこの学校、一年目は学校の寮に入り、二年生になったら、一年間だけこのアパートメントに入居する女学生が多かった。

そうなると、卒業後のリフォームが大変だ。

八気筒のこの物件、最大時には、六戸の入退去があり、約一カ月で六戸のリフォームを実施しなければいけなかった。

ひとりで「労働力投入」（商標登録申請予定）して、リフォームするのも大変だった。

女性だから、キレイに使用するだろうと思っていたのは大間違いだった。確かに、換気扇を分解掃除して退去する几帳面な女学生もいたが、案外、皆、いい加減に部屋を使っていた。

退去後は、掃除、ペンキ塗り、画びょうの穴ふさぎなど、仕事が沢山あった。人手が足りなくなると、時々、入居者の女学生にアルバイトをお願いし、報酬を即金で支払った。

しかし、途中で物件も増え、原稿を書く仕事や、講演会の講師の仕事も増え、物理的に困難になってきた。

そこで、作戦を変更して、ＯＬの入居者を増やすようにした。

この作戦は、見事、的中した。

二〇〇八年四月現在、一戸空いているが、女学生三人、ＯＬ三人、六〇代の女性がひとりの比率になった。

また、今まで「女子限定」の操を守ってきたが、空いている一戸には、男子を入れてもいいのではないかと考えるようになった。

どうしても、女子のみだと、アパートに引き締まりがなくなるような気がスル。若くてイケメンの男子か、逆に、**うだつの上がらないオジサン**の入居が決まればいいと、勝手に考えている。

何となく、そのほうが入居者が引き締まって運営が楽になるような気がスル。

無断駐車と同居のトラブル

さて、そんな女子限定アパートメント。

実は、駐車スペースが六台分あり、入居者でクルマを所有している人は四人。

夏場であれば、他にも数台、クルマを停める余裕がアル。しかし、ここは北海道だ。

当然、冬には雪が降る。その場合、駐車場の奥に雪を積み上げるので、駐車スペースが狭くなる。

ここに、女学生のボーイ・フレンドがやってきて、勝手にクルマを停める。

もちろん、契約時に、ご両親と本人の前で、

「契約者以外の駐車禁止、また、同居禁止」

と説明し、契約書にも書き込む。

契約に同席している女学生のご両親も、この言葉に安心する。この時、親御さんが訪問時に駐車することはかまいませんと付け加える。

本当は、同棲禁止と書きたいのだが、それでは、あまりにもダイレクト過ぎる。

しかし、夏休みの前あたりから、いつの間にか、女学生にＢＦができる。アパートの向かいに住むオジサンが、そう教えてくれた。

優秀な工作員だ。

オトコの心理として、味気ない自分の部屋にガール・フレンドを呼ぶよりも、彼女の部屋に行くほうが楽しい。

部屋もキレイに掃除されていたり、**「ぬいぐるみ」も置いてあったりスル。**

かくして、女子限定アパートメントは、**いつの間にか、毎晩、オトコがやってくるようになる。**

若い女学生が、ワタクシの物件で、毎晩「フンフン」しているかと思うと、無性に腹が立つ。

かといって、自宅から三〇㎞離れているこの物件に、毎日、管理に行くわけにはいかない。

せいぜい、毎月一回の訪問が限度だ。

気ままな女学生（とそのＢＦ）とのトラブル対策

そんな二〇〇八年一月の大雪が降った日、問題が発生シタ。

この時、ワタクシは、講演会の仕事で、東京にいた。あの、「アパート投資の王道」の、白岩貢先生と、若い女性二人の合計四人で、恵比寿の喫茶店で「図面舞踏会」（商標登録申請予定）を実施していた。時間は午後一〇時。

入居者のＯＬから、メールを受信。

「入居者以外のクルマが、駐車場に二台停まっていて、私のクルマを停めるスペースが無い」

「白岩先生、ちょっと、電話してもいいですか？　女子限定アパートメントで、問題発生です」

白岩先生に許可を得て、入居者に電話を発信。

白岩先生は「**大変だねぇ**」**といいながら、横でニヤニヤ笑っている。**

事情を聞くと、どうやら、女学生のＢＦが、勝手にクルマを停めているそうだ。しかも、この日だけではなく、ほぼ毎日、朝まで停まっているそうだ。

「最初は目をつぶっていたのですが、毎日となると腹立たしいです。何とかしてください」

すぐに、該当者とおぼしきミキティー（仮名）に電話を発信。しかし、電話に出ない。**不思議なことに、メールを送信すると、返信が来る。**

三代目・アイドル系班長にもメールを送信スル。返事が来ない。

ＯＬによると、どうやら、**班長が率先してオトコをアパートに連れ込んでいるようだ。**

困った班長だ。

女学生二人に、メールで「駐車禁止」の旨を伝え、通報者にその旨を報告。結局、その日は入居者以外の二台のクルマの前に、出口を塞ぐような形で駐車したそうだ。

この問題には、冬の間、悩まされた。その後、対策を講じた。

・入居者以外、駐車禁止の看板を立てた。
・無断駐車は罰金、もしくは、大家と直接契約し、駐車料金を支払う。
・通報したＯＬには、もうすぐ女学生が卒業なので、もう少し我慢してくださいと

学生達は、同時に退去していく

お願いシタ。
・除雪の手配をして、除雪車出動の頻度をあげ、駐車スペースを拡げた。

結局、二〇〇八年二月末から三月上旬にかけて、女学生達は卒業と共に退去シタ。当然、ＢＦ達も来なくなった。

それにしても、最近のオンナノコ達は、メールの返信はするが、電話に出ない人が多い。ワタクシは、メールが早く打てないので、電話を発信スルことが多い。急いでいる時に、いちいちピコピコ、ボタンを押していられない。

その点、男性入居者の場合、何かあれば、すぐ電話がかかってくるので、楽だ。

家賃滞納者宅への家庭訪問の作法

二〇〇七年一一月、通称「好青年モドキ」が退去シタ。二〇〇六年の夏頃から滞納が始まり、何度も、家庭訪問を実施シタ。

時には、「びっくりドンキー」に連れて行き、ゴハンを食べさせたこともあった。この頃から、**ソフトな口調で退去を促していた。**

二〇代後半で、男前で、礼儀正しい。もしも、**ホスト・クラブ**で働けば、けっこう、稼げるタイプだと思った。なかなか真面目なところもあり、働いている時は、滞納せず、キチンと家賃を入れていた。しかし、少しイヤなことがあると、職場の上司とケンカして退職。仕事が長続きしない。

そして、無職の時に滞納する。その度に督促の電話を発信するのだが、電話に出ない。家庭訪問をしても、部屋から出てこない。

効果を発揮したのは、部屋のドアに張り紙をした時だ。これは、浦田健先生の本に書いてあったことを応用したものである。

宛名に「好青年モドキ様」（仮名）と書いて、本文は、プライバシーの保護のため、他の人には見えないように折り曲げて、ドアと壁の間に貼り、周囲をテープで留める。こうしておけば、出入りがあると、必ずわかる。本文には「家賃滞納のため、鍵の交換を考えています。大至急連絡クダサイ・ｂｙ大家」と書いてある。

さて、この「好青年モドキ」。滞納金額が最高時、一四万円にもなった。二〇〇七年七月のことだ。

さすがに温厚なワタクシも、早めに手を打たないといけないと思った。この頃から、家庭訪問の頻度を上げた。

しかも、この「好青年モドキ」、いつの間にか、女性と同棲を開始していた。しかも、その女性の幼い連れ子も一緒だ。

家族が増えると、生活費がかかる。家賃に上乗せして支払っていた滞納分も支払えなくなり、ついには、その家賃を下回る金額を振り込んできた。

家庭訪問の時に、他からの借り入れもあるのかと聞いたら、

「サラ金から、約三〇〇万円の借金があります」

と、気まずそうに答える。

「大家さんには、家賃をちゃんと入れなければならないと、いつも思っていました」

「ワタクシも、**キミのような好青年には、あと一〇年位住んでもらいたいのだが、こんな経済状態では、生きていくのが大変だと思う。**まず、キミがちゃんと食べて、生き延びるのが先決だ。キミと、キミの彼女と子供のために、一旦、実家に帰ったほうがいいと思う。そして、財務がリカバリーした時、この物件に空室があれば、改めて契約を結ぼう。その日が来るまで、ワタクシも待っている」

というと、涙ぐんでいた。

「急に引越しするのも大変だと思うから、徐々に、準備すればいい。但し、その分の家賃は加算スル」

「わかりました」

二〇〇七年一〇月末、「好青年モドキ」から着信アリ。

「一一月いっぱいで、退去することに決めました」

二〇〇七年一一月下旬、アパートの前で「好青年モドキ」と待ち合わせ。ほぼ時間通りにやってきた。ガール・フレンドとおさな子と共に。

まず、最初に玄関の前に立って驚く。今まで気づかなかったが、玄関ドアの下部が大きくへこんでいる。コレは、ワタクシの勝手な想像だが、おそらく、回収に来た金融業者が、「好青年モドキ」が居留守をつかって出てこないので、怒ってケリを入れたようだ。当然、ここまでくると、ドアごと交換をしなければいけない。

マイナスのキャッシュ・フローだ。

「**吐きそうにナル**」**(商標登録申請予定)**。

その後、一緒に、内部に突入。

「あけてビックリ、玉手箱」状態だ。

床のフローリングの艶はなく、ホコリがたまっている。壁紙は汚れ、壁に三カ所、穴が開いている。二つの穴は、床から五〇cmの高さにあったが、**もうひとつの穴は、一八〇cmの高さにあった。**

夫婦喧嘩で、壁を蹴ったそうだ。高い所にある穴も蹴ったのかと訊くと、そうだという。**かなりの身体能力の持ち主だ。**

訊けば、サッカーでJリーグ入りを目指していたという。

「あの時、Jリーグに入っていれば、俺の人生も変わっていたのですよ、大家さん」という。

確かに、もっと楽な生活ができたと思う。

滞納家賃と原状回復費用を回収する

さらに驚いたのが、この「好青年モドキ」の部屋、電気、ガス、水道が、全て止められていた。

いったい、どうやって生活していたのであろうか？

なかなかのツワモノだ。

「好青年モドキ」の目を見つめ、右手で硬く握手をして、左手で肩を叩きながら、**「こんな状態で、遅れながらも、よく家賃を払ってくれた。ありがとう、感動シタ！よく頑張った！」**

滞納しているのに、こんなにも褒められた、「好青年モドキ」も恥ずかしそうな顔をしていた。

さて、ここからが本題だ。滞納している家賃一〇万円の支払い方法についての協議だ。また、**玉砕しかかった部屋の原状回復**の費用についても、話し合わなくてはいけない。

滞納分の家賃一〇万円は、六万円と四万円を、一カ月ごとに支払うという。部屋のリフォーム代金も、支払うという。

リフォーム代については、業者の見積もりを取ってから協議スルということになった。

握手をして、お互いに笑顔で解散スル間際、

「あっ、忘れていたけど思い出した。そういえば、ガス会社から電話があって、キミの行方を捜していた。ガスと灯油の代金の請求だと思う。多分、滞納しているのでしょ？」

というと、はい、とうなずく。

「ワタクシの口からはいえないと伝えておいた。本人に会ったら、直接、連絡するように伝えておきます、と答えた」

「いや〜、大家さん、ありがとうございます」

「いえいえ、まず、ワタクシの滞納している家賃を先に支払ってもらわないと困る。それが終わったら、ガス会社に自分から連絡しよう」

といい、ニヤリと笑うと、「好青年モドキ」は、引きつった笑顔を見せながら、

「はい、それはわかっています」

と、恐縮していた。


数日後、リフォーム業者とこの部屋を訪れた時、おそらく、サラ金業者からとおぼしき督促状が届いていた。

開封せずに「本人退去・ｂｙ大家」と赤ペンで書き、ポストに投函シタ。


リフォームの見積もりは、確か、ドアの交換も含め、二〇万円前後だったと記憶しているが、「好青年モドキ」は、八万円しか支払えないという。仕方がナイので、

「わかった。キミも、新しい人生を頑張れ。足りない部分はワタクシも泣く」

と言い残し、八万円で手を打った。

二〇〇八年二月二八日、滞納分の家賃一〇万円と、リフォーム代八万円の合計一八万円を全額回収シタ。


「ありがとう、好青年モドキ。よく頑張った！」

おトクな火災保険に加入する

たとえ、物件を現金で決済したとしても、必ず火災保険には加入しよう。物件を所有すると、様々な災害に遭遇スル。北海道で多いのが、水道管の凍結と、屋根からの水漏れだ。共に、厳冬期の氷点下の気温に由来スル。

水道管は、正月に実家に帰省した人が、水道管の元栓の水落としをせずに、そのまま凍結させるというケースが多い。

また、節電のため、ボイラーの電源を切って帰省した女学生が、ボイラー内部を凍結で破裂させた例もあった。ボイラーには、凍結防止のため、電気で内部を暖める装置が付いているが、電源を切ると作動しない。

屋根からの水漏れについては、北海道の物件の屋根は、内勾配になっていて、屋根の内側に積もった雪を落とす構造になっている。その時、排水するパイプの入り口が、落ち葉やゴミで詰まり、溶けた水が溢れ出す場合がアル。

体験上、この水にまつわる事故が半数以上だった。火災が発生したこともアル。

保険の加入は大家としての義務だ。問題が発生してから加入することはできない。現在、所有物件一二棟のうち、道民共済に八棟、全労災に二棟、民間の保険会社に二棟加入している。

道民共済に何故、加入しているのかというと、掛け金が安いからだ。例えば、木造五〇坪では、三〇〇〇万円まで加入できる。掛け金は、毎月二一〇〇円。年払いであれば、二万四〇〇〇円だ。おまけに、剰余金は、毎年、払い戻される。平成一八年度の実績は、三二・三八%が払い戻された。

事故が発生した場合の、保険請求手続きも簡単だ。しかも、支払いが早い。全労災や、民間の保険会社は、専門の事故調査員が現場の調査に入る。支払いまで、一カ月以上かかる。道民共済の場合、リフォーム屋さんの撮影した写真でも請求できる場合がある。

支払いまでも、最短で一週間位だったと記憶している。事故が発生した場合、できるだけ早く現状復帰しなければいけないので、支払いが早いと助かる。

個人的には、古い物件ほど、保険は割安になると思う。というのは、保険料金は坪数によって算出される場合が多い。要するに、新築も、築三〇年以上の物件も、保険料金に変わりはナイ。物件が壊れる可能性は、築年数が古くなるほど高くなる。

保険よりも消火器の設置が惨事を防ぐ

保険加入も重要であるが、最も重要なことは、各部屋に消火器を設置することだ。

二〇〇七年一一月、＃一〇一「Ｋ・ｉ」で、火災が発生した。若くて美人のオネエサンが入居している部屋だ。天ぷら油を加熱している時に、火が移り、火災になった。

その時、設置してあった消火器によって、初期の段階で消火した。

この消火器、空き部屋の時に、ワタクシが設置しておいた新品の消火器だ。

幸い、換気扇を焦がした程度の被害で済んだ。火災発生直後に、消火器で消し止めたそうだ。

連絡を受け、翌日、現場に立ち会った。

換気扇が溶け、若干変形していたほか、壁と天井が焦げていた。他には、消火器の粉が室内に積もっていた。

「それにしても、よくこの程度で収まったね。よくやった」

「いつ、火災が発生してもいいように、消火器の位置を常に確認していました」

その後、一緒にホームセンターのホーマックに行き、新しい消火器とガスレンジをプレゼントした。

火災が発生した後には、保険会社の調査と、リフォーム屋さんの見積もりが入る。この現場にも立ち会った。

保険屋サンからも、リフォーム屋サンからも、この若くて美人の入居者は、

「よく、消火器で火を消し止めた」

と、おおいに褒められていた。横で聞いていて、**思わず、フキダシそうになった**が、ぐっとこらえて、真面目くさった顔をしていた。

もっと気まずいのは、このオネエサン。**火災を出したのに、これだけ皆から絶賛される**ものだから、喜んでいいのかどうかわからない、というような顔をしていた。その、少し困った顔が印象的だった。

若くて美人だと、たとえ、火災を発生させたとしても、皆、親切だ。

すぐに工事の手配をして、数日後には、原状回復した。大家の素早い行動に、入居者からも感謝された。

入居者の募集看板を作る時のコツ

ワタクシは、空物件や更地に、自ら看板を作製シテ、設置スル場合がある。

近所のホームセンター・ジョイフルＡＫ（本来はエーケーと発音するが「アーカー」と勝手に発音している）で材料を購入し、自分で組み立て、ペンキを塗る。

六〇㎝×九〇㎝、厚さ五㎜位のベニヤ板の中央に、長さ一二〇㎝から一五〇㎝の杭を、インパクト・ドライバーで三カ所留める。

この時、杭の頭は、三㎝位、ベニヤ板からはみ出すようにする。

理由は、プラスチック・ハンマーで叩いて地面に打ち付ける時、ベニヤ板を傷めないようにするためだ。

この看板全体に、ペンキを塗る。ベニヤ板のみならず、杭も塗る。水分の吸収を防ぐためだ。

色は、淡い黄色がいい。理由は、純白だと、圧迫感がアルからだ。

アイデアは実行してこそ意味がある

看板は、ベニヤ板の半分の面積に、物件の用途により、「貸家」「貸しアパート」「貸駐車場」と赤いペンキで書き、下半分に大家の名前、連絡先、物件の間取り、面積、設備などを書く。製作費は、木材、ペンキを合わせて、一五〇〇円以下でできると思う。

この看板を、空物件に立てる。但し、賃貸不動産業者の中には、この作戦を非常に嫌がる人もいるので、注意が必要だ。理由は、入居者と大家が直接契約すると、賃貸不動産業者に手数料が入らないからだ。

さて、二〇〇七年春頃、「貸駐車場」の看板を、父から相続した近所の九〇坪の更地に設置しておいた。

数件の問い合わせがあったが、契約には至らなかった。

看板を設置していたことを、すっかり忘れていた二〇〇八年三月二八日。翌日、東京で長嶋修先生のセミナーのパネリストとして出席するため、千歳空港に向かって運転中、突然、知らない番号から携帯に着信アリ。クルマを停め、電話に出る。オオバヤシさん（仮名）と名乗る、中年の男性からだった。訊けば、「貸駐車場」の看板を見て電話をしてきたそうだ。

駐車代金はいくらかと聞かれ、一台五〇〇〇円ですと答えた。

「実は、中古タイヤとアルミ・ホイールを、ロシアに輸出している。そのため、一時的に保管する場所を探している。駐車スペース二台分位の土地を貸して欲しい」という。

これから東京に行くと説明し、北海道に戻ってから、現場で待ち合わせて、相談しませう、という話になった。近々、面接をして、条件が合えば貸そうと考えている。

このように、看板を設置しておけば、忘れた頃に突然、電話がかかってくる。また、「貸駐車場」と書いてあるにもかかわらず、駐車以外の需要もあるのだと思った。「貸家」「貸しアパート」の看板を見た人から連絡がアリ、入居が決まったことも二度あった。

確率は低いかもしれないが、可能性はアル。思いついたアイデアは、すぐに実行しよう。不動産は、自分でルールを決められるゲームだ。

脳ミソをフルに活用して、物件にフィード・バックしよう。

看板を見て入居者した人には注意が必要

しかし、この募集看板、メリットばかりではナイ。この看板を見て入居した人は、体験上、いい加減な人が多い。

賃貸不動産屋に支払うべく仲介手数料を支払いたくない「財務がタイト」な人や、保証人のいない人が多い。

また、過去に大家や管理会社とトラブルのあった人からの問い合わせも多い。

ワタクシも、何度か苦い体験をしている。

旭川市のアパートメントの二階の１ＤＫの部屋が空いた時、この「貸しアパート」の看板を見た入居者から問い合わせがあった。三〇代前半のコハルさん（仮名）だ。

離婚した直後で、実家に近いこの部屋が気に入ったという。二万五〇〇〇円で募集していた部屋であるが、

「長く住むので、家賃をマケてほしい。多分、引っ越すつもりはナイ」

という。本当に長く住めるかと聞くと、絶対に長く住むという。

「それで、相談なのですが、家賃を一万八〇〇〇円にしてほしいのですぅ」

と、甘い声で「鬼のような指値」（商標登録申請予定）を入れてくる。

「鬼のような指値」を入れるのは得意であるが、入れられるのは苦手であり、無性に腹が立つ。

「では、長く住むのであれば、敷金ナシで、二万円で如何でせうか？」

と、提案した。これも人助けだと思い、値引きに応じた。ワタクシも人がいい。結局、この家賃で決定。二〇〇七年八月から入居した。しかし、思えば、この頃から怪しかった。

二〇〇八年二月、コハルさんから着信アリ。

「生活保護を受けることになったので、家賃の書類を書いてほしい」

という。

長く住むという約束だったので、書類に家賃を記入し、返信。元の家賃に戻してほしいと提案したが、逆ギレして、強い口調で拒否。

「もう少しで生活保護の申請が通るので、家賃の値上げはそれからにしてほしい」

という。それでは、生活保護が通るまで待とうということになった。

低家賃ならではの住民トラブル

さて、東京に出張していた二〇〇八年三月、突然、コハルさんから着信アリ。

「生活保護の申請が降りました。つきましては、来月、もっと広いアパートに引っ越そうと思っています」

と、一方的に自分の意見を話す。

「え～？　だって、長く住めるという条件で、家賃も値引きして、敷金もゼロにしたのではないですか？」

「あの時は、女手ひとつで子供を育て、生きていくつもりでした。しかし、時間が経てば、事情も変わります」

と、自分の主張を通す。

結局、生活保護の申請のダシに、ワタクシのアパートが使われたようだ。最初からの作戦だったかもしれない。子供がいる家庭には、旭川市から三万七〇〇〇円まで、家賃補助がでるようだ。

「この部屋は狭くて、子供の勉強机を置くスペースも無い」

と、さんざん文句をいい、出て行くことになった。入居を決めた時に、部屋の広さを納得して契約しているのにもかかわらず、こんなことをいう。勝手な人だ。

何となく、離婚した原因もわかるような気がスル。

結局、縁起が悪いので、退去に合意した。

さて、この部屋、コハルさんの前は、四〇〇〇万円の借金を踏み倒して破産した入居者が住んでいた。

風水的にいうと、方角が悪いのであろうか?

気を取り直して、この原稿が書き終わったら、旭川市まで一五五キロ走り、募集活動を実施スル。

これも試練だと考え、頑張ろう。

第 5 章

激安・中古・一戸建てを購入しよう

中古一戸建てのすばらしさ

この項目は、投資家のみならず、自宅を探している人にも読んでもらいたい。

二〇〇五年の後半から、アパートと平行して、一戸建てを探し始めた。理由は、この頃から、高利回りのアパートが市場に出てこなくなったからだ。

また、アパートを所有すれば、よくわかるのだが、管理が大変だ。だから、ほとんどのオーナーが、管理会社に管理を任せる。

この時、管理会社に管理費を支払う。相場は、五％。中には、八％〜一〇％を要求する会社もある。


利益の五％ではナイ。売り上げの五％だ。


また、アパートは、入居者の入れ替わりが激しい。特に、ひとり暮らしの人は、突然、退去スル。

この理由を分析すると、ひとりで住んでいると、入居者の考えを、すぐに行動に移せるからだ。二人以上で住めば、相手の職場、子供の学区など、簡単に住所を変更できない理由がある。

入退去が激しいと、当然、リフォーム代もかかる。

東京のように、シングルで家賃が八万円以上いただけると、リフォーム代も捻出できるが、札幌の場合、シングルの相場が二万円から四万円だ。

この家賃からリフォーム代を捻出するのは困難だ。毎回、退去の知らせを聞くと、吐きそうにナル（商標登録申請予定）。

どうしてもアパートを購入したい場合、２ＤＫ以上をおすすめスル。但し、２ＤＫ以上のアパートは、極端に流通している物件が少ない。

おそらく、オーナーが手放さないのだと思う。


ワタクシは、最近、一戸建てを主体に購入している。理由は、
・貸家にしている物件が、極端に少ない。
・流通している数が多い。
・入居者が一旦決まると、なかなか引っ越さない。
・管理会社が不要。
・掃除が不要。

・除雪が不要。
・近所の人も、持ち家なのか借家なのかわからない。
・大家族に人気。
・ペット可で募集できる。庭で犬も飼育できる。
・駐車場があれば、さらにいい。
・質の高い入居者が決まる可能性が高い。
・家賃の滞納がほとんどナイ。
・長く所有するほうがいいが、いざ、現金が必要という時に、売却しやすい。アパートは投資家しか買わないが、戸建ては、自分で住む人も購入スル。要するに、マーケットが広い。
・築三〇年以上の物件でも、大幅な家賃の下落がナイ。
・楽器を演奏する人にも貸せる。
・トイレ、風呂、台所などのリフォームが、一カ所で済む。水周りのリフォームは、お金がかかる。
・売却理由が、相続、引退の場合が多い。
・驚異的な利回りが達成できる。ワタクシの実績では、アパートの利回りは、最高

55万円の戸建て。78%の値下げで手に入れた

で三〇%台後半であるが、二〇万円で購入した戸建ては、三・七万円／月で貸している。表面利回りは二二二%だ。

・大幅な値引きが可能。二五〇万円で売りに出されていた戸建てに、四〇万円という「鬼のような指値」（商標登録申請予定）を入れて、やや押し戻されて、五五万円で譲ってもらった。値引き率七八%だ。売却理由は、相続だった。

・二〇万円で購入した戸建ても、最初は五〇万円で売りに出されていた。一五万円という「鬼のような指値」（商標登録申請予定）を入れて、やや押し戻されて二〇万円で購入。売却理由は、引退だった。

・中古戸建ての場合、新築と違って、付帯設備の工事代金がかからない。また、現状を確認してから購入するので、貸せない物件は買わないという選択ができる。
・アパートの場合、自宅から半径五〇km以内が望ましいが、戸建ての場合、半径一五〇km以内であれば、対応できると思う。要するに、物件に通う頻度が少なくて済む。
・戸建ての場合、あまり頻繁に訪問すると、入居者が「何かあったのですか?」と、心配そうな顔をする。つまり、あまり訪問しなくてもいいということだ。但し、入居者が決定するまで、何度か通わなければいけない。その意味も含め、半径一五〇km以内が望ましい。

20万円の戸建て。利回り222%

リフォーム済みの戸建てを激安で購入

ある時、ワタクシの随筆（ブログ。詳細については後述）の読者である主婦・江戸マサヨさん（仮名・三〇代前半）から物件購入の相談を受けた。

二〇〇七年七月、札幌近郊の石狩市北部に、二五〇万円の４ＬＤＫの戸建てが出現したという。築三〇年以上経っていたが、かなりの金額を投入して、リフォームしていた。江戸さんに、買ったほうがいいと助言したが、

「母が昔から付き合いのある占い師に、反対された」

とのこと。

「だから、加藤さん買わない？」

といわれた。購入してもよかったが、しばらく考え、最近、不動産経営に興味を持ち出した妹の田森ミキ（仮名）に譲ることにした。

この物件に、一八〇万円で買付を入れたが、やや押し戻されて、二〇〇万円で購入スルことになった。

妹は看護師の仕事を持っているので、手続きはワタクシが代行シタ。

妹は、小学校一年生の姪のマッピ（仮名）と、四歳児の甥のコースケ（仮名）の学費で貯めていた貯金で、この物件の資金を捻出シタ。

決済の時、初めて売主様に会った。六〇代の女性だ。何故か、ムッとしている。話を聞いて、怒っている理由がわかった。

実は、この物件、売主様が永久に住もうと思い、四〇〇万円投入して、リフォームを実施シタ。リビングと六畳和室をフローリングにして、風呂も新品に交換。おまけに、出窓も付いている。玄関も床を張り替えている。

ところが、東京で働いていた息子が、突然戻ってきて、同居することになり、中古住宅を新たに購入。そこで、急遽、この物件を売り出すことになった。

「アタシ、四〇〇万円もかけてリフォームしたのに、アナタ、もっとマケテくれっていうんだもの。アタシ、何だこの人って思いました」

「いや〜、ワタクシも今、初めてその話、聞きました」

といって、仲介業者を見ると、気まずそうにうつむいた。

もし、四〇〇万円も投入したという話を事前に聞いていれば、指値も入れなかったと思う。もしくは、もっと高い値段で売れたと思う。

ブログの読者からもたらされた幸運

さて、無事、決済も終わり、この物件は妹の名義になった。

数々の幸運が重なり、購入できた。

以下にその理由を書く。

・江戸さんが、購入を占い師に反対された。後で、地団太を踏んで悔しがっていた。

・仲介業者の値付けが甘かった。

・リフォームで四〇〇万円を投入していたことを知っていたら、指値を入れなかった。

・石狩市の北部で、土地値が異常に安かった。

・他に購入希望者が何人も来ていたが、投資家は客付けが困難だという理由で躊躇《ちゅうちょ》していた。別荘で購入したいといっていた夫婦は、買う気満々だったが、直前に、奥様の親の具合が悪くなり、転進シタ。この夫婦は、物件視察時、現場で遭遇シタ。

妹の購入した200万円の戸建て

今回の、最大のライバルだった。

・**仲介業者の担当者が、ぼんやりしていた。**

・売主様が、貸家にする気が全く無かった。

・東京から息子が、急に帰って来た。

この物件、後日談がアル。

購入直後、近所の人から、

「友人が、この付近で家を探している。その家、五三〇万円で譲ってくれないか？」

と、電話がかかってきた。「貸家」の看板を見た人からだった。

妹の旦那・タモリ氏は

「そんなの、売っちゃえ」

と、無責任なことをいう。

ワタクシは、絶対に売るなといった。

入居者がすぐに見つかったはずが…

幸運にも手に入れたこの戸建ての入居者を決めるために、売主様の許可を得て、購入前から、賃貸不動産業者を二〇軒くらい巡り、営業活動を実施していた。

妹夫婦と年老いた母、ワタクシ、そして、生産性に入らないマッピとコースケで、「労働力投入」（商標登録申請予定）して、リフォームを実施シタ。

購入後、一週間で、「劇団ひとり風味ナ店長」が入居者を決めた。

若い四人家族だ。「劇団ひとり風味ナ店長」は、**鬼の首を取ったように喜んでいた**。しかも、家賃は六万五〇〇〇円だ。表面利回り三九％だ。でかしたぞ、「劇団ひとり風味ナ店長」！

タモリ氏は、夏休みを返上して、駐車場の工事を実施。庭の木を切り、土をならし、砕石を敷いた。工学部土木学科を卒業しているだけあって、搬入する砕石の量も的確だった。

ワタクシも、安心してサイパン島に一カ月のバケーションに出かけた。

さて、南国のサイパン島で、すっかりぶったるんで、ムスタングのオープンカーを借りて、はしゃいでいた。二日間、モンゴル人美女二人と、英会話の合宿を実施していた。

そんな時、「劇団ひとり風味ナ店長」から随筆に「大至急、連絡がほしい」と書き込みがあった。悪い予感がスル。

電話を発信すると、先日入居が決まった入居者が、急遽、転居することになったそうだ。理由は、旦那様の仕事が減り、**財務がタイト**になったとのこと。

妹からも、随筆に書き込みがあった。

「ニイちゃん、サイパンでモンゴル人と合宿している場合じゃナイヨ！　先日決まった入居者が退去することになったから、早く帰ってきて、営業シテ」

お祭り気分が吹っ飛んだ。

妹には、

「よくあることだ。慌てるな」

と、指示を出す。しかし、初めての店子が二カ月で退去することになったので、不安なようだ。


「劇団ひとり風味ナ店長」も、自分で付けた入居者が、二カ月で退去になったので、

気まずいようだ。

サイパンから帰国後の一一月一一日。「劇団ひとり風味ナ店長」から着信アリ。妹の物件の入居者が決まりそうだという。ありがたい。

しかし、ハナシがあるという。電話で説明できないかと聞くが、直接、会って話したいという。嫌な予感がスル。

ステーキ・ビクトリアで、四五〇グラムのステーキをたらふく食べさせられた。すっかり、いい気分になったころ、「劇団ひとり風味ナ店長」が入居申し込みの書類を取り出す。

あれっ？　書類が英文で書いてあるぞ。

「**ジンガイだ！（外人）**」

そうか、ジンガイだから、言い出しにくかったのだろう。

「劇団ひとり風味ナ店長」が、気まずそうにいう。

「実は、外人なのです。大丈夫ですか？」

「いいよ。ところで、国籍は？」

「パキスタンです」

「いいよ」

あまりの反応のなさに、「劇団ひとり風味ナ店長」は拍子抜けしたようだ。

そういえば、アメリカに六年間住んでいたので、英語が話せるのだ、ワタクシ。

念のため、妹にも確認スルといって、その場で電話を発信。

「ニイちゃんがいいのであれば、いいよ」

とのことだった。めでたく、入居者が決定シタ瞬間だ。

「ところで加藤さん、どんな入居者だと思いました?」

「ワタクシは、八九三か右翼だと思った」

「もし、そうだったら、どうしました?」

「入れた!」

というと、二人で爆笑シタ。


この入居者、七万円の家賃で入居している。表面利回りは四二%だ。

ありがたい。自分で自動車の輸出の会社を経営していて、石狩新港に近い妹の家が、立地条件が丁度よかったようだ。


ここでも、一戸建ての強さが証明できた。

選んでもよい激安区分所有物件の話

この原稿を書いている途中の二〇〇八年四月一六日、「ライフリー」という、区分所有を専門に扱っている会社から、ＦＡＸが届いた。

四年位前から、毎月、区分所有の売り物件を集約した冊子を自宅まで郵送してもらっている。

また、いい物件が出現した時には、勝手にＦＡＸを送信するようにお願いしている。

この社長、頭のいい人で、区分所有の売買に特化している。

送られてきた図面は、札幌市の地下鉄・円山公園駅から徒歩三分、昭和五一年築、一〇階建ての七階、広さは二二・四二平米。現在、毎月三万八〇〇〇円で賃貸中だ。管理費は六〇〇〇円、修繕費は三〇〇〇円だ。毎月二万九〇〇〇円が手元に残る。

戸建てのことについて書いてきたが、ここで区分所有についてのワタクシの考えを書いておこう。

実は、区分所有にはほとんど興味は持っていなかった。

理由は、管理費と修繕費が毎月かかるからだ。

その上、外壁を自分好みの色に塗ることができない。

また、もしも入居者が付かなかった場合、毎月のマイナスのキャッシュフローが発生スル。

しかし、この物件は興味を惹くものだった。

何故ならば、前日まで、二五〇〇万円で売られていたものだった。

社長に電話を発信し、売却理由を聞く。相続を受けた売主様が、賃貸経営に興味が無く、できるだけ早く処分したかったそうだ。

二〇〇八年四月一七日、石狩市の商業ビルの外壁塗装の撮影の後、メルセデスで札幌市中央区にある、この物件の視察に向かった。

場所は、札幌でも人気の「裏参道」に位置スル。

近隣に専門学校も多く、交通の便もいい。オンナノコに人気のエリアだ。

メルセデスを停め、物件内部に突入。

築三二年の割にはキレイだ。

向かいにはコンビニもあり、生活に便利だ。

エレベーターも、ちゃんと動き、共用部分の掃除も行き届いている。

入居者は、数年前から住んでいる、五〇代のつとめ人だそうだ。

ワタクシが購入してもよかったのだが、すでに妹に携帯メールで連絡を取っていた。

妹は、看護師として働いているのだが、早く引退したがっていた。

また、ワタクシの名義にすると、税金が増える。


帰宅してから、裏に住む妹と作戦会議。

結局、買付を入れることにした。

「もう少し安くなりませんか？」

と、社長に電話してみたが、値下げした直後で、相場よりもかなり安い金額なので、無理だと却下された。

妹は、買付証明書に一二〇万円と満額の数字を記入して、住所、氏名、電話番号、決済日を書いた。

しかし、なかなかＦＡＸを送信しようとしない。

直前になって、おじけづいたのだ。

この物件を購入すると、貯金が減るからだ。

妹の娘・マッピ（七歳児・仮名）のお年玉貯金から借りて、決済セヨと助言した。横にいたマッピに確認したが、イヤだ、イヤだと、駄々をこねる。

貯金を物件に換えて、毎月のキャッシュフローから給食費と習字教室の授業料を払えと説明したが、理解できない。ワタクシは、妹にこういった。

「もし、オマエが、本気で引退を考えているのであれば、こういうお買い得な物件を購入していかなければいけないと思う。すでに、現金二〇〇万円で購入シタ貸家から、毎月七万円の家賃が入っている。この物件を買えば、二つで毎月九万九〇〇〇円になる。家のローンも七年間で返し終わったのだから、もうすぐ引退できると思わないか？　貯金は減るが、キャッシュフローは増えるぞ」

妹は、クチビルを噛み締め、眉間にシワを寄せ、ヘンな顔をしながら、しばらく考えていた。

「よし、買うか？　ニイちゃん」

その直後に、FAXを送信して、確認の電話を社長に入れた。

まだ、返事はもらっていないが、譲っていただけるといいなと思う。

一族で、物件を分散して所有するのは楽しい。

まさかの急展開にも、くじけず転進する

さて、この原稿を書いている二〇〇八年四月一九日、急展開があった。かっこよく、一三棟目の物件を入手したところでこの章を締めくくりたかった。

一五時四一分、社長から着信アリ。

声のトーンが低いので、悪い予感がシタ。

「実は、恥ずかしい話なのですが、先ほど、元付け不動産業者から連絡があり、売主様が『一五〇万円でなければ、売れない』といってきたそうです」

「一二〇万円っていっていたではないですか？　何故ですか？」

口調は丁寧だったが、厳重に抗議した。

「実は、あの物件、相続の物件なのですが、売主様の弟が、直前になって、その値段では納得いかない。一五〇万円にしてくれ、といってきたそうです」

本当に恥ずかしい話だ。

「困りましたね。この話、降りることはできますか？　妹に相談してみます」

一旦、電話を切り、裏に住む妹の家に行く。

妹は、看護師の夜勤のシフトで、出勤準備中だった。

「……というわけで、売主様が一五〇万円要求してきたが、どうする？　上乗せするか？」

「もういい。いらない。三〇万円の上乗せ分を回収するのに、一年かかる」

妹は、プンプン怒りながらも、頭の中で瞬時に利回りを計算シタ。大家として、少し成長したようだ。

「わかった。今、断りの電話を入れる」


直後に、社長に電話シタ。

「協議の結果、今回の取引、降りさせていただきます。妹は、プンプン怒っていました。ワタクシも、社長と取引したかったのに残念です。あっ、今日の朝まで、原稿に『多分、一二〇万円の区分所有も買えるであろう』と、徹夜で書き上げたのに残念です」

原稿の締め切り直前だったにもかかわらず、メルセデスを飛ばして、物件を見に行った日は何だったのであろうか？

一瞬にして、あの努力が水の泡になった。

社長の名誉のために書くが、この社長に非はナイ。まだ、会ったことはないが、何年も前から電話でのやりとりはしている。

誠実な人だ。

さて、結局断ったこの区分所有。多分、一五〇万円では売れないと思う。しばらくしてから、

「やっぱり、一二〇万円で買ってください」

と、電話がかかってきそうな予感がスル。

その時は、六〇万円くらいで、「鬼のような指値」（商標登録申請予定）を入れてみようと思う。

このように、購入できると思った物件でも、突然、状況が変わることがアル。決済当日まで、気を抜けない。決済前日にキャンセルされたこともアル。

こんなつらいことを、何度も経験してきた。

さて、転進シテ、次の物件を探そう。

（この直後の二〇〇八年五月、札幌市手稲区で五五万円の一戸建てを入手シタ）

第 6 章

洗練された大家になるために

随筆（ブログ）のチカラとその書き方

今、全国の不動産投資家の間で「図面舞踏会」（商標登録申請予定）が実施されている。これは、ワタクシが執筆している楽天ブログ（随筆）から流行らせた言葉だ。

自分ひとりの情報収集能力には限界がアル。自分が住んでいる地域で、不動産投資仲間をつくろう。サッカーのチームのように、自分がゴールできない物件を、仲間にアシストすることもできる。

逆に、仲間から突然、アシストされ、ゴールにつながる場合がアル。

不動産好きな仲間が集まれば、深夜まで話が尽きない。

さて、その随筆の書き方。この原稿を書いている二〇〇八年二月七日の時点で、累計・五十三万アクセスを突破シタ。

毎日、一五〇〇～二〇〇〇アクセスある。実は、この随筆の毎日の更新が、激安不動産を入手スルために役立っている。随筆の執筆で、不動産仲間が増えた。その随筆のアクセス数をＵＰさせる方法を書く。

・毎日、ほぼ一定の時間に更新スル。ワタクシの場合、二〇時から翌二時の間に更新スル。
・読者に役立つ情報を提供スル。
・書き込まれたコメントには、必ず返信スル。
・できるだけ、固有名詞を使う。それが無理なら、仮名を使う。人名と地名には、魔力がアル。「某所」「某氏」「A氏」「B氏」「とある地点で」と書かれていても、読む人は、全く面白くナイ。
・適度な改行をスル。文字の詰まった文章は、読むのが困難だ。
・大きな文字を使用。
・短い文章で書く。
・わかりやすく書く。
・失敗談を書く。
・書き手自身も、人間的に成長しなければならない。
・インパクトのあるタイトルを付ける。
・ブログ内の、分類カテゴリーを、時々替える。

全国に仲間ができ、講演の話が来る

ブログを書いている時は、全くお金にならない。しかし、ブログを書くメリットは甚大だ。

まず、自分の文章力が向上スル。デビュー作『ボロ物件でも高利回り　激安アパート経営』（ダイヤモンド社）の時も、企画書の中に、随筆からできのよかった文章を抜粋して、版元に送った。

不動産投資家の仲間も、全国に増えた。面白い随筆を書いていると、毎日読んでくれる読者も増える。その中にも、洗練された投資家がいる。不動産投資セミナーを開催している読者もいるので、講演会の講師の話が来る。

元々、**挫折シタ芸人**だったワタクシにとって、この講師の話はありがたい。五分間の漫談を実施するのは大変だが、不動産の話であれば、エピソードを交えながら、何時間でも話すことができる。

素晴らしい不動産を持っていても、人に伝達する能力がなければ駄目だ。また、話が面白くても、いい不動産を持っていなければ、説得力がナイ。
その両方を、バランスよく持っていないと講師ができない。

日本海軍のエース・パイロット、坂井三郎氏に、生前、二回お会いしたことがある。
『大空のサムライ』（光人社）の著者だ。ハリウッドで、映画化したかった。
坂井三郎先生は、こういった。

「どんなに優れた人物でも、人に伝達できなければ、只の人だ。その伝達方法は『言語・文字・行動』である」

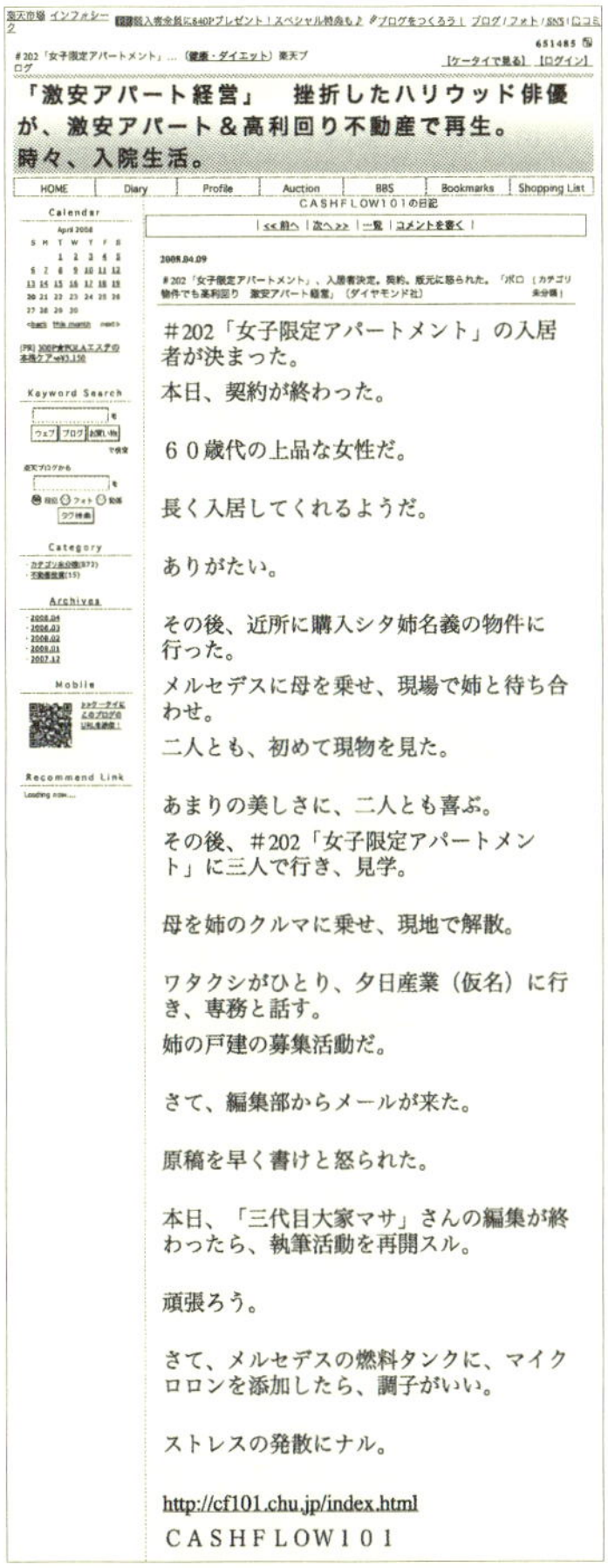

ある日のブログ記事
（URL：http://plaza.rakuten.co.jp/investor101/
もしくは「加藤ひろゆき」で検索）

利回り二二%はブログから生まれた

随筆を毎日書くことによって、ファンが増える。面白くて、読者のタメになる文章を書かなくてはいけない。

プロフィールに所在地を入れると、地元の不動産仲間が自然と増えてくる。ステキな物件を紹介してくれることもアル。

二〇〇六年八月に、二〇万円で購入した室蘭市の戸建ては、随筆の読者である主婦の中田みゆきさん(仮名・三〇代後半)の紹介だった。元々、五〇万円で販売していた物件だった。

「**私では運営する自信がないので、加藤さん、買いませんか?**」

といわれた。最初、購入する気は全くなかったのだが、随筆の読者が喜ぶと思い、とりあえず、現場まで見に行こうと思った。

現場に行ったら、条件は悪かったが、案外キレイな物件だった。

投資家としては、運営できるかどうか疑問に思ったが、挫折した芸術家としては、この物件を塗ってみたくなった。

そこで、失礼だとは思ったが、一五万円という「鬼のような指値」（商標登録申請予定）を入れた。

数日後、やや押し戻されて、二〇万円で購入スルことになった。

この物件、その後、三五万円くらい投入して、リフォームを実施。現在、善良な入居者も決まり、毎月三万七〇〇〇円で貸している。

表面利回りは二二二％だ。

滞納もなく、いい人達なので、二〇〇七年の秋、サービスで屋根を塗った。塗装代金は四万五〇〇〇円だったが、何故か指定したナス紺では塗られておらず、ロイヤル・レッドになっていた。

指定した色ではないといったら、塗りなおすという。それも申し訳ないので、何とかならないですかと聞いたら、三万円でいいという。それも悪いので、三万三〇〇〇円支払った。

ありがたい。

地方に行き、その地の大家さんに話を聞く

二〇〇八年三月、熊本市での講演会の後、博多でアパート経営の取材を実施シタ。洗練された投資家の小場三代さん（仮名・四〇代後半）と、その母、通称「ゴッド・マザー」のインタビューを収録シタ。

母娘三人で、二四棟のアパートメントを所有している。家賃収入は、年間約六〇〇〇万円。借り入れの比率もかなり低い。

大家歴四八年の超ベテランだ。

一二時、小場さんと、ワタクシの宿泊しているハイアット・レジデンシャル・スイートホテルのフロントで待ち合わせ。

タクシーを貸し切り、小場さんの物件を八棟視察。これでも、所有物件の三分の一でしかない。降りしきる雨の中、時々、タクシーを降りて物件の写真を撮り、内部を視察シタ。

福岡市内に、所有物件を、やや集中し、やや分散して所有している。その理由は、客付けと管理が容易で、火災・事故などの突発的なアクシデントにも対応できる。

木造二階建てが多く、角地に建つ物件も多い。

駅からも近く、入居率も高い。

築四〇年の物件は八気筒。平均家賃三万七〇〇〇円で、四〇年間、ほぼ満室。生活保護世帯が多く、長い人は三〇年くらい住んでいる。無担保物件なので、家賃収入がほぼ全額残る。すばらしい物件だ。

その約三〇m先にある、「ゴッド・マザー」が最近購入シタ四〇〇〇万円の二気筒の物件は、築九年と新しい。

これだけ物件が近いと、一度に管理ができる。

三年前に新築で建てた物件は、当時、五万円の家賃で貸していたそうだが、近所に多数、アパートメントが建ち、三年間で家賃が三万七〇〇〇円まで低下したと、小場さんは嘆く。

「つまらんとですよ。築四〇年の物件と、ほぼ新築の物件の家賃が同じですよ。これほどつまらんことは、なかですよ」

これからの地方都市の雛形・福岡の賃貸事情

福岡市は、入居率の低下と、家賃の下落の「二方面作戦」に陥っている。数年前から加熱した、ファンドの参入と、サラリーマン大家の増加が原因で、急激にアパートが増えたようだ。

札幌市でも、似たような現象が起きている。しかし、まだ札幌市は、家賃の急激な下落は来ていない。

ある意味、福岡市は、今後の地方都市の雛型であろう。全国の地方都市の大家が、ここ三年以内に同じような体験をするだろう。

二〇〇七年八月頃をピークに、アパートの価格が下がってきた。札幌でも、二〇〇八年四月現在、利回り一五%、時には、二〇%以上という高利回り物件が、再び出現し始めた。

金融機関の融資の引き締めと、フル・ローンを組み、破綻シタ大家の増加が原因のようだ。

物件を所有してみて、初めて、
「実は、アパート経営は、さほど儲からない」
と気づいた大家が、売りに入っている。

どこか、バブルの頃と似ている。

さて、小場さんファミリーは、福岡市内に二気筒から八気筒の、小型の木造物件を、立地条件がいい場所に所有している。所有物件は、新築から築四〇年以上までと、幅広い。

うち、三分の二が新築、もしくは新築の建売。三分の一が中古で購入したそうだ。とてもバランスがいい。この小場さんファミリーの物件購入方法を見て、今までのワタクシの物件購入方法に間違いがなかったと確信シタ。

一四時、創業者で小場さんの母である、通称「ゴッド・マザー」をピック・アップ。三人で、インタビュー会場のハイアット・ホテルまで戻る。

「ゴッド・マザー」は、上品で、優しそうな人だ。年齢は七八歳。未だに、物件を買い続けている。

ちなみに、約二時間のタクシー貸し切りで、六五〇〇円前後だったと記憶している。何度もタクシーを降りて、物件の写真を撮ったり、内部を写真撮影している割には、低料金だった。

要するに、この狭いエリアの中に、八棟の物件を所有している。管理と客付けの効率がいい。

さて、このハイアット・レジデンシャル・スイート。長期滞在者用のホテルで、七二平米の１ＬＤＫだ。洗濯機、乾燥機も付いている。ダイエー・ホークスの一年目だった王貞治監督も長期滞在していたという説もある。一泊二万一〇〇〇円であるが、たまたま、誕生日プランが適用され、一万五〇〇〇円で宿泊することができた。

ゴッド・マザーは、部屋に入るなり、

「七二平米で一万五〇〇〇円とは、安いとです」

という。

この年齢にして、なかなか数字に強い人だと思ったのが第一印象。

しばらく、取材内容の打ち合わせをしてから、いよいよ、インタビューの収録を開始シタ。

大家歴四八年・カリスマ「ゴッド・マザー」の至言

最初に大家を始めたのは四八年前。一九六〇年頃のことだ。昭和三五年の日本は、まだ、貧しかった。そんな時代に、一階に自宅、二階に貸し部屋六室という物件を新築したそうだ。風呂ナシ、共同便所、共同台所だ。

家賃収入は、一カ月・一万八〇〇〇円。当時、旦那様の給料と同額。

この頃は、新築と同時に入居者が決まり、空いてもすぐに次の入居者が決まったそうだ。大家の「黄金時代」だ。

独身時代から貯金をして、今は亡き旦那様と一緒に物件を増やしていった。二人の娘にも、幼い頃からペンキ塗りなどの「労働力投入」（商標登録申請予定）をさせたそうだ。

四八年も大家をやっていると、色々な体験をしたという。

中には、夜逃げした滞納者も何人もいた。ここで、夜逃げした人の対処方法を訊いた。夜逃げするくらいの人だから、当然、こちらから電話を発信しても出ない。そこで、留守番電話に、こう、メッセージを残すのだそうだ。

「住んでいた部屋の鍵は、まだ、交換していない。アナタの持っている鍵で開くけん、残った荷物を勝手に持っていってよかです」

そう、伝言を残しておくと、数日後、見事に荷物が無くなっているそうだ。

「いや〜、すばらしいお人柄ですね。なかなか、できることじゃなかとです」

と、慣れない九州便で感想を述べると、ゴッド・マザーはニヤリと笑った。

「あのね、荷物がたくさん残っていると、こっちも撤去費用がかかるので、そのほうがウチも楽よ」

という。コレには、一同爆笑。なかなか、ユーモアのセンスもアル。

「血まみれ事件」と称するハプニングもあったそうだ。

美人入居者の元カレと、新しいボーイ・フレンドが、所有しているアパートの一室で鉢合わせ。刃傷沙汰になり、警察も出動。翌日、「ゴッド・マザー」が現場に確認に行くと、アパートの階段が血まみれになっていたそうだ。

「ゴッド・マザー」は淡々と、血染めの階段を洗浄したそうだ。

約四時間、若干の休憩をはさみながら、話し続けてくれた。

不動産投資というよりも、大家としての心構えを教えてくれた。

道徳の教科書のような人だ。

このゴッド・マザーから、色々なことを教わった。以下、読者のために、特別にその教えを書く。但し、誰にも言ってはイケナイ。

・木造二階建てのアパートメントや戸建てを、やや集中、やや分散して持つ。

・木造二階建てを分散して持つと、売却しやすく、更地にも戻しやすい。

・太いRC物件を所有すると、事件、事故、急激な入居率低下に遭遇した時、対処できない。

・立地条件は、購入時、もっとも重視する。理由は、入居希望者の人数が多いから。

・ある程度、集中して物件を持つと、管理がしやすい。入居希望の満室の物件の近所の物件を紹介できる。また、掃除のローテーションが組みやすい。

・自分の家計をやりくりできない人は、大家の仕事もできない。

・頭金は最低三割、できれば、五割入れたい。その理由を聞くと、

「ローンが払えなくなったら、どげんするとですか？」

・銀行に、金利をマケてくれと交渉したことが何度もアル。

・その方法は、「金利、特別キャンペーン実施中」のチラシを持ち込み、銀行員と交渉スル。

限られた予算を、何に投入するのか？

いくら収入が多くても、ほとんどの人にはお金を遣える限界がアル。

その限られた予算を、どこに投入するかで、人生が変わってくると思う。

ワタクシは、うだつの上がらないつとめ人時代でも、できるだけ書籍を購入して、勉強していた。

当時でも、毎月五万円以上は、書籍に投入していた。

現在、毎月一〇万円以上、書籍を買っている。

本を読んでいる時が、一番楽しい。


ここで、ワタクシの勉強法を公開スル。但し、誰にもいってはイケナイ。

そういえば、ワタクシ、約五年半、版元（出版社）に勤務していた。

まず、書籍は、できるだけ自分で新品を購入スル。

ブック・オフに流通している本は、不要になった本だ。

いい本は、ブック・オフに流通しない。自分の本棚にしまい、何度も読み返す。ワタクシの『ボロ物件でも高利回り　激安アパート経営』（ダイヤモンド社）は、ブック・オフに流通していない。

アマゾンの中古本市場で、定価・一五〇〇円のこの本が、中古で三〇〇〇円前後で売られているのには笑った。

また、図書館で本を借りて読まない。自分の本ではないので、赤ペンで、線を引けないからだ。

自分の金で情報を買ったほうが早いし、学習効果が上がる。

但し、例外があって、絶版になった本や、書店に置いていない本は、この限りではナイ。

また、できるだけ書店に足を運び、手に取って、目次を見る。面白そうな項目を読んでみて、家でゆっくり読みたいなと思ったら購入スル。

そうすると、つまらない本を買うリスクがなくなる。

そして、どうしても欲しい本以外、通信販売で購入してはイケナイ。

大きい書店がない街に住んでいる人でも、毎月一回は大型書店に出かけて、本をたくさん買おう。

本気でアパート経営を考えているのであれば、不動産投資の本、住宅の本、金融の本、リフォームの本などで、いいと思った本は全て購入するべきだ。

他にも、株の本、ＦＸの本も、必要があれば購入して、投資についての考え方を学ぼう。

その他、ワタクシは、京都の日本庭園の写真集を購入し、駐車場に砕石を敷く場合の参考にしている。

また、カラー・コーディネートの本や、色見本の本は、物件を塗る時の参考にしている。

心理学の本は、不動産屋や滞納者との交渉に役立つ。

学校卒業後の勉強こそ、お金持ちへの最大の近道だ

今まで、何人ものカリスマ大家さんに会い、インタビューをしたが、成功している大家さんは、とても勉強している。

「あの本に書いてあった〇〇だけど」というと、皆、一瞬にして理解スル。

たった、一時間の対話で、一〇時間分の内容が話せる。

これが、本を読んでいない人との会話であれば、いちいち説明しなければいけないので、時間がもったいない。

どうしても、会話の内容が薄くナル。テレビの話しかしない人も同様だ。

学校を卒業すると、皆、勉強をやめてしまう。

卒業後の勉強こそ、お金持ちになれる最大の近道だ。

昔、マドンナのビデオの撮影で、ハリウッドで坂本龍一さんと楽屋で話した時、満

州国の話で、おおいに盛り上がった。

坂本さんが演じていた、映画「ラスト・エンペラー」の「甘粕大尉」について語り合った。

「キミは、なかなか、よく勉強しているよ～」

「世界のサカモト」に褒められた。

撮影の途中で、坂本さんがニュー・ヨークに戻る時間が迫ってきた。

名残惜しかったが、別れの時間だ。

別れ際、坂本龍一さんに、渡部昇一さんの書いた『日本、そして日本人』をプレゼントした。読みかけの本で、赤線を引いたり、重要な部分のメモを書いたりしていた。

しかし、大和魂を持つ坂本さんなら、きっとわかってくれると思った。

「坂本さん、名残惜しいです。帰りの飛行機の中で、この本を読んでください。読みかけの本で申し訳ないのですが」

「ありがとう。この人、知っているよ」

といい、快く受け取ってくれた。

ハリウッドでの甘酸っぱい思ひ出だ。

ある日、突然、有名人に会ったとしても、本を読んでいれば、会話に困らない。

CD「激安アパート経営」の活かし方

今回、特別に、CD「激安アパート経営」を付録にした。

読者の皆様に、洗練された不動産投資家たちの生の声を聴いてほしいからだ。

文字だけではなく、音声で聴くと、より理解しやすいと思う。

ワタクシ自身も、つとめ人時代、CASHFLOW202に付いてきた、ロバート・キヨサキとドルフ・デ・ルースの対談CD「不動産投資の極意」を数千回、繰り返し聴いた。営業先に営業車で移動する途中、勉強シタ。

このCDを聴いた人はわかると思うが、ワタクシの「激安アパート経営」は、ロバート・キヨサキとドルフ・デ・ルースの手法を、日本的にアレンジしたものだ。

今でもメルセデスのCDチェンジャーに入れて、繰り返し聴いている。

クルマで営業している人は、是非、移動時間にCDを活用して勉強してほしい。

電車で移動している人も、iPodに落として、聴いてほしい。

流行の音楽だけを聴いているようでは駄目だ。

そんな人は、つとめ人が好きなのだと思う。

つとめ人を卒業スル気がないのだ。

学校を卒業したあとに、いかに勉強したかで、その後の人生が決まる。

せっかく、生きているのだから、脳ミソをフル回転させて、自分の限界まで挑戦してみることをおすすめスル。


そのほうが、人生、百倍楽しい。


さて、現在、ＣＤとしてリリースしているのが、一五枚分・約二〇時間。近日中にリリース予定のＣＤが、一〇枚分・約一三時間だ。

この中から、特にいい部分を抜粋シテ、八〇分のＣＤに編集する作業は大変だった。

夜を徹して、頑張った。また、ＣＤ編集プロダクションの福井氏と、ぱる出版のウエタオ氏に感謝だ。

このＣＤは、ワタクシのＨＰ、

http://cf101.chu.jp/index.html

もしくは、

「**加藤ひろゆき　ＣＤ**」

をグーグルで検索すれば、無料で試聴できる。

①四国のカリスマ投資家「うっちゃん」のインタビュー

二〇〇六年五月、四国のカリスマ投資家「うっちゃん」こと、内海芳美さんが北海道にやって来た。「うっちゃん」のファンから、

「北海道に、うっちゃんと同じような投資方法で物件を購入している人がいる」

といわれて、連絡を取りたかったとのこと。

取材で、ワタクシの所有物件を見学。その後、小樽市の五〇万円の四気筒のアパートメントを視察に行った。主婦のナオミさんも同行。

道中、女性陣から

「CASHFLOW101（ワタクシのハンドル・ネーム）を押さえつけている間に、私が買付を入れる」

と、おおいに盛り上がっていた。皆、買う気満々だった。

さて、現場付近に駐車して、やや山岳地帯にある物件まで、幅六〇cm前後のけもの道をほふく前進でたどり着き、物件を見てビックリ。

三〇m位の高さの、崖の上に建っている。

まさに、崖っぷち物件だ。

開放されていた玄関を開けると、青空が見える。何故だろう、不思議だ。

……何と、屋根が落ちていた。

おまけに、押入れには、湿った布団が入っている。ワタクシは、

「この物件、うっちゃんに譲ります」

といったが、

「いらん」

のひと言で、皆、転進。

こんな物件でも、ロック・クライマーの合宿所には使用できたかもしれない。（ニヤリ）

②jm48222こと、松田ジュン氏のインタビュー
（CD「NSXアパート経営」）


男前で、**床屋のモデル風味**ナ・jm48222こと、松田ジュン氏のインタビューを収録したのは、二〇〇六年八月のことだった。

前日に、上野で実施したセミナーで、松田氏とワタクシが講師を務めた。ワタクシの講演の前に、松田氏の講演を聞いて、

「是非、この人のインタビューを収録したい」

と思った。その晩、深夜に電話を発信して、翌日上野のホテルでインタビューを収録。彼もまた、挫折した俳優で、父を亡くしてから物件を購入したという部分に、共感を受けた。ＰＣ、携帯電話など、最新のテクノロジーを駆使して、愛車ＮＳＸで物件を視察。もの凄いスピードで買付を入れる。

関東で物件を探している人には、彼の手法が役に立つだろう。

③吉川英一先生のインタビュー
（CD「若くして豊かに引退スル方法」）

このＣＤは、二〇〇八年九月、サイパン島で収録した。ワタクシのリリースしたＣＤの中で、初の海外取材だ。ワタクシ自身、一九九七年一〇月に、アメリカ合衆国・ロサンゼルスから帰国して以来、一〇年ぶりの海外旅行だった。

リリースしているＣＤの一枚目は、サイパン沖に浮かぶ、マニャガハ島という小島の海岸で収録シタ。

碧い海を見ながら、白い砂浜の上に建つコテージで収録。時々、波音とヤシの木が、風でこすれる音が入っている。

吉川先生は、低位株で二七万円を七〇〇〇万円まで増やした人だ。その収益で、新築アパートを建築。新築で利回り一六・三％の高利回りだ。

田んぼを埋め立てて、土地を造り出し、イマドキな間取りで、若い高収入の入居者に貸している。色のセンスもいい。

ワタクシの知っている限りでは、**株と不動産の両方で成功している人は、この吉川英一先生だけだ。**

著書も数多くあり、良書だ。

吉川先生の『**そして私は金持ちサラリーマンになった**』（新風舎）は、名作だ。版元時代、他の出版社に勤務していたのにもかかわらず、書店営業の時に、不動産本仕入れ担当者に、この本をしきりにススメていた。まだ、吉川先生に出会う数年前のことだった。ワタクシ、元々は、吉川先生のファンだった。

この本に出てくる、国民金融公庫の申し込み用紙の書き方は、必読だ。

ワタクシの処女作『ボロ物件でも高利回り　激安アパート経営』（ダイヤモンド社）は、吉川先生にダイヤモンド社の編集担当を紹介してもらい、企画書を送り、出版に至った。ワタクシの恩人でもアル。

卓越した分析力と、冷静な判断力、そして、忍耐強さは、投資家の鑑だ。

④白岩貢先生のインタビュー
（CD「アパート投資の王道」）

このCDは、二〇〇七年一二月に、お台場の「ホテル日航」で収録シタ。

白岩先生とは、二〇〇六年六月に、名古屋の「全国賃貸住宅新聞」のフェアで初めてお会いした。

その時に、意気投合して、五時間くらい、話し続けた。翌日も、五時間くらい話した。

話が大変面白く、人情に厚い人だ。

バブルの時、株の信用取引で破綻、夜逃げ。そして、タクシー・ドライバーとして働き、給料の九割を返済に充てていた頃の話は、思わず涙ぐんだ。

人生のどん底を味わった人は強い。

その後、アパート経営で再生シタ。

白岩先生の手法は、世田谷区という、ナウでヤングな土地に、耐久性のあるアパートメントを建設して、長期にわたって安定的に運営スルという方法だ。

一〇%の利回りの物件を、半永久的に維持スル。

王道チームの幹部の面々にもお会いしたことがあるが、皆、すばらしい才能の持ち主だ。

企画、建築、募集、客付けなど、アパート経営に必要なエキスパートが揃っていて、チーム全体のバランスがいい。

特に、賃貸不動産会社の社長で、元・パリコレのモデルの宮下氏は、男前で背が高い。大家のオバサンや、若い女性の入居者が、大喜びするそうだ。

白岩先生に、

「今度、家賃収入で、宮下さんのような顔に整形手術しませうか？」

と提案すると、大爆笑だった。

ＣＤ収録中は、始終、なごやかなムードで、六時間くらいかけて録音。

録音後も、焼肉を食べながら、二時間くらい語り合った。

この白岩先生、なぜか、業界の裏話にとても詳しい。本に書けない内容や、ＣＤに収録できない秘話を知っていた。

その度に大爆笑。

楽しい人だ。人柄もいい。

今でも、時々、電話で話す。そして、東京に行った時は、必ず、王道サロンにご挨拶に行く。

⑤小場さん&ゴッド・マザーのインタビュー

これは二〇〇八年三月、博多の「ハイアット・レジデンシャル・スイート福岡」で収録シタのは前述のとおりだ。繰り返しになるが、ゴッド・マザーとは、小場さん（仮名）の実母。母娘三人で、二四棟所有。家賃収入は年間六〇〇〇万円。若干の借り入れはあるが、ほぼ無借金経営。

ゴッド・マザーの道徳はすばらしく、大家として、この人に直接インタビューできたことを誇りに思う。

倹約をして、貯金をスル。そして、貯まったお金で不動産を買う。この繰り返しを四八年間実践している。七八歳になった現在でも、毎年、物件を購入。それが、唯一の楽しみだという。

いまだ、掃除用具を持ってバスに乗り込み、所有物件を巡回して掃除をするそうだ。

このCDは、まだリリースしていない。近日中にリリース予定だ。今回は、原盤のMDから直接、読者のために編集した。

ワタクシ自身、リリースが楽しみだ。

⑥「三代目大家・マサ」氏のインタビュー

渋谷の「セルリアン・タワー東急ホテル」の二九階で夜景を見ながら収録。

若干三〇代前半にして、すでに二〇棟・四〇六戸所有するスーパー大家さん。家賃収入は、月間二〇〇〇万円。

森本レオ風味ナ男前で、声もいい。

四年半前、三棟だったアパートを、短期間でここまで急激に増やした。

まさに、ロバート・キヨサキや、ドルフ・デ・ルース博士の考えを実践している。

ワタクシが東京に講師で呼ばれた講演会で、必ず会う。

訊けば、年間に出席するセミナーは、五〇本から一〇〇本。

ものすごい勉強量と知識がアル。

最新のＩＴ機器を駆使した売り物件の探し方、情報収集能力、ＦＡＸ一斉送信システム、リフォーム部品の検索システムなど、二一世紀の新しいスタイルの大家だ。

このＣＤも、まだリリース前であるが、読者の皆様のために、急いでＭＤ原盤から編集シタ。

近日中にリリース予定だ。

第7章

つとめ人を卒業して望んだ生活を手に入れる

ハリウッド時代、見せかけの華やかさ

一九九二年一月、大学を卒業して、三年八カ月間働いた大企業を辞め、渡米した。
最初は、サン・ディエゴという街に半年間住んだ。
その後、ロサンゼルスの大学に入学し、ハリウッド俳優を目指していた。
本当は、ショー・コスギのように売れて、悠々自適ナ生活を歩む予定だった。
約六年間のアメリカ生活で、俳優の仕事をしていた期間は五年強。
約二〇〇本のオーディションを受けた。

俳優の仕事に、青春を賭けていた。

二〇〇本のオーディションのうち、合格したのが約五〇本。そのうち、メジャーな仕事が一〇本前後だった。
ところで、先日、東京都世田谷区上野毛で「ユー・チューブ」を見ていたら、マド

ンナの「ＲＡＩＮ」というビデオと、ジャネット・ジャクソンの「ＩＦ」というミュージックビデオに、ワタクシが出演しているのを、一五年ぶりに見た。

横で見ていた「ヒロシ夫妻」が、大笑いしていた。

特に、ジャネット・ジャクソンのビデオでは、大日本モドキのディスコのステージで、ジャネットとダンサーが踊る場面に、ワタクシが観客として、着物を着て、頭に「神風」の鉢巻きを巻いて、日の丸の付いた扇子を扇ぎながら、真面目くさった顔をしているシーンが映し出された。

ハリウッドのスタジオで撮影した一九九三年五月当時を思い出した。

その他にも、「ホンダ・アコード一九九五年モデル」「テカテ・ビール」「コカ・コーラ」などのＣＭにも出演。

多い時は、一日六〇〇〇ドル、あるいは、四日で八〇〇〇ドルの出演料をいただいたこともあった。

渡米した時に、留学費用として五〇〇〇万円持っていった上に、多額の出演料が入ったものだから、最初の頃は悠々自適ナ生活だった。

プール付の一軒家のマスター・ベッド・ルームを借り、黄金のメルセデス・ベンツ450ＳＥＬを乗り回して、**助手席にモデルや女優を乗せてはしゃいでいた。**

同じことを機械的に繰り返すこと

楽しかった。

天下を取ったような気分だった。

毎週土曜日には、日本人の女優や俳優が集まり、ミーティングを実施していた。現在実施している不動産投資家の集会「図面舞踏会」（商標登録申請予定）の原型のようなものだ。

何しろ、美しい女優やモデルが多数参加するので、会場のホテルのロビーのウエイターも、大喜びだった。ダウン・タウンの「ニュー・オータニ」のラウンジか、ビバリー・ヒルズの「ホテル・ニッコー」に集まっていた。

オーディションは、年間、五〇本前後受けた。一日に三本のオーディションを受けたこともあり、その日は、メルセデスで二〇〇マイル（約三二〇km）移動したこともある。

最初は、アイドル系を目指していた。しかし、途中で、アングロ・サクソン以外は、アメリカではヒーローになれないと感じ、路線変更。

アタマを剃り、着物を着て、怪しげな日本人の役のみを狙った。


突然、芸風が変わったものだから、俳優仲間からは、

「アタマがおかしくなったのではないか?」

と噂され、つらい時期を過ごした。


しかし、結局これが功を奏し、「悪い日本人の役」を取ることができた。

それが、本田のコマーシャルであり、テカテ・ビールのコマーシャルであった。

つとめ人の役と、ナイスな人民の役が、全オーディションの七割を占めたが、日本人の悪役のオーディションが、必ず三割あった。

他の役は捨てても、この三割の役を絶対に取ると決めた。

つとめ人や、ナイスな人民の役は、出演したとしてもあまり目立たない。

しかし、頭を剃った坊主が、キモノを着ていると、必ず画面で目立つ。


さて、後半、仕事が取れず、貧乏生活だった。食事もろくに摂れず、なるべく、体力を消耗しないように、枕元に電話と水を置いた。

動けば、それだけカロリーを消費するので腹が減る。

家賃も滞納気味になり、管理会社の家庭訪問も受けたが、根性で支払った。


もうこれ以上アメリカにいると餓死する寸前まで体験した。

ガダルカナル状態だった。

そんな時、名古屋に住む大好きだった母方の祖父が突然他界シタ。

そろそろ、潮時だと思った。

メルセデスのあとに乗っていたキャディラックを二五〇〇ドルで売却し、日本行きの航空券を購入。故国までの数日間の生活費を捻出し、新幹線のチケットを購入すると、**残金は二〇〇ドルだった。**

日本に帰る飛行機の中で、アメリカに五億円投資している神戸のオジサンのことを思い出した。


「そうだ、不動産を買えば何とかなる。再び渡米するためには、不動産を買おう」


挫折して戻ってきた日本だったが、帰国後のほうが大変だった。

パッとでのアメリカ帰りに、不景気だった日本ではまともな就職口もなく、フリーターのような生活を三年くらい続けた。

しかし、実は、このハリウッドでのオーディションと、アメリカでの生活が、のちのアパート経営に、大いに役立った。以下にその理由を書く。

・受けたオーディションが二〇〇本、うち、合格して撮影現場に行ったのが五〇本、その中で、大きい仕事が一〇本。
・二〇〇八年四月現在、現場まで見に行った物件が六〇〇棟、買付を入れた数が六〇本。そして、購入できた物件が一二棟。
・要するに、同じことを機械的に何度も繰り返せば、必ず大きい仕事に当たることを、体験上、知っていた。
・俳優業で食べられない時に、中古車買付のバイトをしていた。そこの社長は関西の人で、人格が破綻していた。一万ドルで売っていた車に、平気な顔をして「五〇〇〇ドルなら買う」といっていた。最初、「この人、アタマがイカレている」と思ったが、現在は、そのノウハウを物件に応用している。

「言い値で買わない」社長の教え

その社長の口癖は、

「言い値で買うたら、アカンのや」

だった。

・その、人格の破綻シタ社長以上の「鬼のような指値」（商標登録申請予定）を、物件に対し入れたこともアル。
・数々の芸能人、著名人、成功者に会っていたので、つとめ人のまま、人生を終わらせたくなかった。自分の可能性を伸ばしたかった。
・マドンナに、当時、使用していた名刺を渡した時に、「このデザインは誰がしたの？　ヒロがデザインしたの？　アナタ、デザインの才能がアル。デザインの仕事に就きなさい」と、指導された。

実は、当時「ワタクシは俳優になりたくてハリウッドに来ているのに、変なこというな、このオンナ」と、腹立たしく思った。しかし、今はアパートの色のデザインは、自分でやっている。入居者や近所の人に好評だ。あの時、マドンナに進路指導されたようなものだ。マドンナには、感謝している。性格は悪いが。

・『大空のサムライ』の著者で、零戦のパイロット・坂井三郎氏に、生前、二回お会いした。ハリウッドで『大空のサムライ』を映画化したかった。その許可をいただいたが、結局、実現できなかった。しかし、その時、坂井三郎氏から、

「どんなことがあっても、決して、あきらめてはいけない。可能性がある限り、最後まで頑張り抜け」

と教えられた。うだつのあがらない出戻りサラリーマン時代、

「俺の人生、このままでは終われない」

と、現状を打破する方法を、常に考えていた。その間、地道に貯金をして、軍資金を貯めた。そして、不動産に巡り合った。この業界、水に合っていた。この世界がなければ、未だにうだつのあがらない人生だったと思う。

・アメリカで、七回引越しシタ。当時、財務がタイトで、物件を購入スル余力が無かったが、物件を見る目が養われた。その時に重視したのが、浴室の装備と広さ。現在、アパートメントや戸建てを購入する時、必ず風呂をチェックする。風呂が大きいと、生活が充実するので、ストレスがたまらず、外に行って無駄な金を遣わない。

・一度、貧乏したのがよかった。理由は、その後、無駄にお金を遣わず、効果的に遣うことができるようになった。一つひとつの買い物に、慎重になった。また、初期の段階でできるだけ安く買わないと、その後の運転資金が足りなくなることも、体験上、知っていた。**不動産は、一回の買い物の金額が大きい。例え、自分の金を遣わないにしても、借金の金額が大きくなる。一度の失敗で、再起不能にナル。**

・**激安アパート経営と、現金購入に焦点を絞ったことがよかった。**一時期、一億円位のレバレッジをかけようかと考えたこともあるが、激安&高利回り物件を購入すれば、自己資金で何とかなる。但し、多額のリフォーム代がかかる場合もあるので、物件を見る目が必要だ。

大事なお金の遣い方

挫折して帰ってきたアメリカだったが、チップの支払い方法は勉強になった。

ハリウッドの俳優で、食べられなかった時、ツアー・ガイドのアルバイトを実施していた。本革シートのリンカーン・タウンカーでお客様を案内した。

旅なれた人は、ツアーの前に一〇ドルを渡す。

北海道・恵庭市から来た、自衛隊の人だった。

当時、飢えていたワタクシには大金だった。

一〇ドルあれば、豪華なディナーが食べられた。

当然、最初にチップをもらうと、サービスがよくなり、観光案内にも気合いが入る。

そうすると、お客様も満足したのか、帰り際に、さらに一〇ドルのチップをいただいた。ありがたいことだ。

二〇〇八年四月、石狩市に購入シタ商業ビルの塗装を実施シタ。

近所の「畑山塗装店」に、発注。すでに、三棟塗っていて、今回は四棟目だ。

全て、同じ色とデザインで塗っているので、職人さんも塗りやすいと思う。

工事初日に、三人の職人さんに、二〇〇〇円ずつ配給シタ。

この場合、

「**弁当代**」あるいは「**タバコ代**」

として手渡すと、職人さんも受け取りやすい。

いつでも配給できるように、財布の中には一〇〇〇円札を何十枚も、新券に両替しておく。また、カバンやクルマには「大入袋」や「ご祝儀袋」を入れておく。

たったこれだけのことで、物件の塗装の完成度が高くナル。

実は本日、二度目の塗装の立会いをしたのだが、本当にキレイに物件が塗ってあった。うれしくなって、さらに一〇〇〇円ずつ配給シタ。

体験上、お金を持っている人ほど、少額の謝礼でも、大喜びして受け取り、

「ありがたい」

を連発する。ワタクシも気持ちがいい。

逆に、お金に困っている人ほど、受け取りを拒否スル。

何となく、何故お金持ちになれたのか、わかるような気がスル。

少額なマネーの積み重ねが、大金になるからだ。

早世した旧友の作家魂を原稿に引き継いで

不動産とは全く関係ないが、ここで、フリー・ジャーナリストの鴨志田穣氏のことを書いておきたい。

二〇〇八年三月一九日、北海道札幌市の大型書店の「コーチャン・ファイブ」（仮名）の平積台で、鴨志田穣氏の「遺稿集」を購入して、読んだ。

その本には、アルコール中毒で精神病院に入院中、ガンが発見され、そのまま、お台場のガン・センターに入院し、闘病生活を送っていた描写が、詳しく書いてある。入院中、外出し、フジテレビの付近を散歩していたと書いてあった。

二〇〇七年一二月、この付近のホテル日航に滞在していたので、すぐに、イメージできた。これも不思議な話だ。

実は、彼とは代々木ゼミナール・札幌校で「同期の桜」だった。

けっこう仲がよく、よく、予備校の授業をサボって、一緒に喫茶店に行った。また、当時、札幌駅地下にあった三〇〇円映画館で「蒲田行進曲」「コナン・ザ・グレート」「マッド・マックス」などの映画を観た。確か、一九八三年、槙原が日本シリーズで投げている時も、一緒にテレビを見ていた。

余談だが、ハリウッド時代、この時観た「コナン・ザ・グレート」に出演していた「マコこと、岩松マコト」さんにも、オーディション会場でお会いしたことがあり、予備校時代に映画を見た話で盛り上がった。

鴨志田クンもワタクシも、予備校では落ちこぼれで、ワタクシが一浪後、私立文系の大学に入学後も、鴨志田クンは二浪して、その後、行方不明になった。

あとで鴨志田クンの本を読んで知ったのだが、お父様の転勤で、東京に行き、焼鳥屋で働いていたと知った。浪人している頃から、サービス精神が旺盛だった。

遺稿集を読んで、アルコールとガンに冒され、体がボロボロになりながらも、その事実を面白おかしく読者に伝えようとする文章が、一八歳だったころの鴨志田クンとオーバー・ラップし、読みながら涙ぐんだ。

まさに、命を削りながら書いた、渾身の原稿だ。

特に、第二章の血便を出しながらも、午前中に病院に行き、点滴を打ち、少し体力を回復させるが、歩けないので、タクシーに乗って、会場に移動し、合同コンパの取材を実施シテ、銀座のＯＬとはしゃぎ、その模様を冷静に原稿に描写している、**鴨志田クンの作家魂に感動シタ。**

彼の作風と作家魂を、今書いている原稿に引き継がなければいけないと感じた。

今、アルバムに、二五年前、予備校時代に鴨志田クンと撮った写真がアル。周囲に写っている友人達は、皆、優秀で、北海道大学や、有名大学医学部に合格した。

落ちこぼれだった鴨志田クンとワタクシが、本を出版しているのも不思議な話だ。

今となっては、貴重な一枚の写真だ。

あの頃から、鴨志田クンは、ベレー帽を被っていた。

その後、東南アジアの戦地を取材していたのも、納得できる。

アメリカから帰国して出版社でうだつの上がらないつとめ人をしていた頃、書店で、鴨志田クンの本を見つけた。いつか、連絡を取ろうと思っていたが、夢破れてアメリカから帰国し、つとめ人に逆戻りした自分がミジメで、結局、連絡できなかった。

あの時、手紙の一枚でも書いていればよかったと後悔している。

三月二〇日が、鴨志田クンの命日だ。

くしくも、ワタクシの死んだ親父の誕生日でもある。これもまた、不思議な話だ。

あとがき

最後まで読んでくれてありがとう。

二〇〇七年九月、ぱる出版の取締役の方と、札幌市の大型書店「コーチャン・ファイブ」（仮名）で遭遇シタ。書店の棚で、在庫をチェックしている、大柄な人がいた。

「版元さんですか？」

と、声を掛けたのがきっかけだった。

実は、ワタクシも、かつて版元の社員で、書店営業が仕事だったので、すぐに出版関係の人だとわかった。その後、隣接する「ミスター・ドーナツ」でお茶を飲み、『ボロ物件でも高利回り　激安アパート経営』（ダイヤモンド社）をプレゼントした。

出版業界の長い取締役は、ワタクシがつとめ人だった頃の上司、通称・「変な部長」のこともよく知っていて、大いに話が盛り上がった。

「ぱる出版の不動産本は、よくできている。機会があれば、御社から出版したい」

という話もした。

二〇〇七年九月の末から十月末にかけて、サイパン島に行ってクダラナイ生活を送っていて、すっかり出版のことも忘れていた。

そんな二〇〇七年一二月、編集担当のウエタオ氏から、突然、連絡があり、原稿を書くことになった。約束を守る版元だと思った。

ところが、いざ「書いてくれ」という話になると、困った。

二〇〇七年一二月と二〇〇八年一月に東京でセミナー講師の仕事があった。

また、二〇〇八年三月に熊本と東京でのセミナー講師の仕事も決まっていた。

その上、二〇〇八年二月には、検査入院で、二五日間、精進料理を食べさせられたり、下剤を飲まされたりして、体に力が入らず、原稿が書けなかった。

それでも、根性で、入院しながらもパソコンを持ち込み、夜中に少し書いた。

この本の一部は、入院中に書いた。

しかし、何よりも一番困ったのは、デビュー作『ボロ物件でも高利回り　激安アパート経営』（ダイヤモンド社）で、当時持っていたノウハウを全て書いてしまったことだった。

入院中も含め、夜中にパソコンに向かっても、何もアイデアが出てこなかった。

よほど重要なこと以外、前作と重複している部分があると、読者に申し訳ないと思った。

原稿の締め切りは、二〇〇八年三月末だったが、この三月も、熊本での講演会、博多での取材、東京での講演会があり、北海道に戻っている時も、「女子限定アパートメント」の退去や入居の立会い、リフォームなどがあり、多忙だった。二〇〇八年の一月と三月には、商業ビルと戸建てを購入したので、その決済の準備でも多忙だった。

しかし、この忙しさが、新たな原稿を書く原動力になった。

締め切りを、四月下旬まで延期してもらい、東京から戻った四月一〇日から、すぐに作業を開始した。

まずは、付録のCD「激安アパート経営」の編集。

この編集作業も過酷だった。

洗練された投資家達のインタビューを、短い時間に編集。八〇分という、限られた時間の中に、いい部分を抜粋シテ収めなければいけなかった。泣く泣く、カットした部分もアル。約一週間、徹夜して、何度も聴き返し、秒単位にこだわって抜粋した。おかげさまで、いいCDができた。多忙な中、短期間で編集してくれた、「KTEビデオ」の福井氏に感謝だ。

原稿も書かなければいけなかったが、CDの増産がアリ、CDの編集を優先シタ。CD編集直後に、執筆活動を開始。こちらも、連日の徹夜続きであったが、途中から、脳ミソとキーボードが一体化したように、速い速度で書くことができた。

遅れた原稿に対し、今度は、編集のウエタオ氏が、休日出勤と連日の徹夜で「労働力投入」（商標登録申請予定）して、本にしてくれた。ありがたい。


さて、この本では、前作よりも、より具体的に、物件の探し方、実際の買付け証明書の書き方、貯金をスル方法などを書いた。

「激安アパート経営」は、北海道でしかできないと、否定的な人もいた。

しかし、この本に登場する、ジム鈴木氏（仮名）は、群馬県で二六万円の戸建てを購入して、毎月四万三〇〇〇円で貸している。

世田谷区在住のヒロシ夫妻も、東京都内で、三二〇万円の戸建てを購入。その後、さらに一九万円の戸建ても購入。

また、主婦のひまわりさん（仮名）も、千葉県で四〇〇万円で売っていた戸建てを、二三〇万円で購入している。

よく探せば、首都圏でも、こんな取引があるのだ。

九州の熊本県に住む植田氏からも連絡があった。

「加藤さんの本を読み、講演会に出席した直後に、五六万八〇〇〇円の土地付店舗と、三〇万円の戸建てを、ほぼ同時に手に入れることができた。ありがとうございます」

ワタクシにとって、全国のファンから、このような報告を受ける時が、一番ありがたいことだ。

新聞、雑誌、インターネットなど、あらゆる情報源に目を通し、瞬時に判断すれば、必ず、いい物件に巡り合える。また、探しているうちに、不動産仲間ができる。仲間ができると、情報収集力も、飛躍的にUPスル。

本を読み、セミナーに出席し、随筆（ブログ）を書き、不動産仲間を増やそう。

また、セミナーに出席した後は、必ず、懇親会に出席しよう。

いつも、セミナーが終わった直後に帰ってしまう人がいるが、もったいないことだと思う。絶対に、出席するセミナーの後に、スケジュールを入れてはいけない。

この、懇親会のくだらない会話が、最高に役に立つ。

不動産専用の名刺を作り、三〇枚くらい持参して、名刺交換をしよう。

そして、感性が合いそうな人には、その後、連絡を取ってみよう。

東京で実施されるセミナーには、必ず「三代目大家マサ氏」が、懇親会の企画をしているので、勇気を出して声を掛けてみよう。年間、一〇〇本近くのセミナーに出席している。

森本レオ風味ナ男前なので、すぐにわかると思う。

セミナーが無い時は、本を読み、CDセミナーを聴いて「自主トレ」を実施しよう。

ワタクシも、数々の洗練された投資家に会ってきたが、皆、驚くほど本を読み、勉強している。

勉強しているからこそ、いい物件を購入して、いい新築を建てているのであろう。

不動産は、金額が大きい。

一度に、数千万円、数百万円、値引きしてもらったという話も聞く。実際、それだけの値引きができるのであれば、書籍、CD、セミナー代金を、一瞬にして回収できる。

ワタクシのCDリスナーである「わくわくRICH」さんも、聴いた直後に物件価格から二〇〇〇万円、値引きしてもらったそうだ。未だに、感謝されている。

ワタクシ自身も、書籍代には数百万円投入している。

要するに、自分への投資が、一番、リターンが高いのだ。

「勉強する時間がない」といっている人も、どうすれば勉強できる時間を確保できるか考えよう。

ワタクシは、つとめ人時代、営業という仕事柄、ひとりで外食する時が多かった。

その時にも本を持ち歩き、食事が出てくるまで読み、時には、行儀が悪いが、食事中も本を読み、勉強シタ。

また、できるだけ短期間でたくさん本を読めるように、本を早く読む訓練もシタ。

最近、本もロクに読まずに、ワタクシのところに、

「いい不動産の買い方を教えてほしい」

と、連絡をしてくる人も増えた。

できるだけ、直接会って教えてあげたい。

しかし、多忙な中、時間をつくって会った時でも、あまりにも勉強していないので、ガッカリする時がある。

たとえ、収益不動産を持っている人でも、数字を聞けば、瞬時にその人の投資家としてのレベルがわかってしまう。そういう人は、不動産屋から、いいくるめられて、定価（言い値）で、そのまま購入している。

不動産屋にとっては、いい顧客だ。文句もいわず、簡単に手数料を支払ってくれるからだ。不動産屋も悪いが、勉強していない本人も悪い。物件も、数棟しか見ないで購入を決めている。

こんな買い方、投資ではない。

アパート経営は、最初の一棟目と二棟目が重要だ。

金額が大きいので、いい物件を初期の頃に購入していなければ、その後の発展性がなくなってしまう。まだ、物件を所有していない読者は、よく吟味して購入してほしい。

しかし、もし、アナタが、いい物件を購入できたとしたら、人生が劇的に変わるであろう。

不動産の購入。これがまた本当に面白い。

ワタクシ自身、執筆活動に役立てるため、紙の資産にも投資シタ。

しかし、ＦＸでは約四〇万円の損失。株では二〇万円の損失だった。

後輩の「雷電ボーイ氏」（ハンドル・ネーム）には、

「もっと、ＦＸで負けてください」

といわれた。何故かと訊くと、

「そのほうが、不動産投資家としてのカリスマ性が上がります」

と、奇妙な回答が返ってきた。

たいした金額ではないが、やはり、負けると悔しい。

六〇万円あれば、家が一軒買えた。（ニヤリ）

しかし、この程度の金額で、自分の適性を把握できたのはよかったと思う。

紙の資産が得意な人もいるが、ワタクシには才能がナイ。

紙の資産の場合、銘柄と買うタイミングと、売るタイミングしか、自分でコントロールできない。

それに対し、不動産は、相対取引だ。

売主と買主が合意した金額が、売買価格になる。

交渉力、営業力のアル人には、もってこいの仕事だ。

その上、極めて地域性が強く、売り物件の近所か、もしくはその土地に詳しい人でなければ、取引に参加できない。

要するに、ライバルが極端に少ない取引だ。

ある程度、まとまった資金も必要なので、参加できる人も少ない。

不動産に全く興味がナイ人もいるし、家は好きだが、貸家には興味がナイという人も多い。また、物件を持つと手間がかかるので、資金を持っている人でも、

「そんなの、面倒くさい」

といって、物件を探さない。それにもかかわらず、転勤、相続、離婚などで、今日もまた、新しい売り物件が出てくる。

本物の自分の金を使った、究極の「キャッシュフロー・ゲーム」だ。

物件を探し始めた頃、ワタクシより凄い投資家が、毎日、物件を検索して、クルマを走らせ、買付を入れているのだと思っていた。

しかし、そんな投資家には、北海道では遭遇しなかった。

気がつけば、ワタクシ自身が、いつの間にか、そんな投資家になっていた。

のちに、ただひとり、jm4822こと、松田ジュン氏に東京で初めて会った時に、同じ「中古物件ハンター」のニオイを感じた。

つとめ人時代は、いくら努力しても、給料の上昇は、微々たるものだった。富の配分が、すでに決められてしまっている。

しかし、不動産投資家の場合、自分自身の努力で、簡単に収入を上げられる。この不動産の世界が、本当の実力主義だと思う。

余計な心配をさせないため、つとめ人を卒業スルまで、アパート経営していることを、姉と妹には黙っていた。告白後も、姉と妹は、ワタクシの不動産投資に、当初、反対していた。今では、母、姉、妹と、収益物件をそれぞれ持っている。

富を求めて、大学卒業後、初任給が高い首都圏の大企業で働いた。

その後も、富を求めてアメリカに渡り、ハリウッドで俳優を目指した。

本当は、アメリカで売れて、大金持ちにナル予定であったが、夢破れて帰国。

所持金はたったの二〇〇ドル。

三年間のフリーター生活を経て、出版社に再就職。

ここでも、富は見つからなかった。

財務がタイトな時代が続いた。


しかし、不動産に巡り合って、ようやく、経済的に再生シタ。

夢破れて戻ってきた故郷・北海道に、富の根源があったとは、不思議な話だ。

読者の皆様にも、いい不動産を見つけて、一日も早くつとめ人を卒業スルことをおススメする。

加藤ひろゆき

二〇〇八年四月二六日
亡き父が植えた桜が満開の北海道の自宅にて

＜不動産投資に役立つオススメ本＞

『ボロ物件でも高利回り 激安アパート経営』
加藤ひろゆき（ダイヤモンド社）

『金持ち父さんの 若くして豊かに引退する方法』
ロバート・キヨサキ、シャロン・レクター、白根美保子＝訳（筑摩書房）

『あなたに金持ちになってほしい』
ドナルド・トランプ、ロバート・キヨサキ（筑摩書房）

『サラリーマンでも「大家さん」になれる46の秘訣』
藤山勇司（実業之日本社）

『大空のサムライ』坂井三郎（光人社）

『ワルが教える 不動産投資マニュアル』風間俊二（ぱる出版）

『日本一不動産を買う男』須田忠雄（経済界）

『不動産が一番』邱永漢（実業之日本社）

『シノギのプロが教える ビジネスの極意』沢田高士（河出書房新社）

『サラリーマンの私にもできた！アパート・マンション経営』
山田里志（かんき出版）

『ナッシング・ダウン』ロバート・アレン、金沢正二＝訳（エムジー出版）
※復刻版が出ているが、絶版になったモノを図書館で探そう。

『アパート投資の王道』白岩貢（ダイヤモンド社）

『そして私は金持ちサラリーマンになった』吉川英一（新風舎）

『となりの億万長者―成功を生む７つの法則』
トマス・J・スタンリー、ウィリアム・D・ダンコ、斎藤聖美＝訳（早川書房）

元利均等返済額早見表 4.3%-5.0%（借入金 100 万円）

年	4.3％	4.4％	4.5％	4.6％	4.7％	4.8％	4.9％	5.0％
1	85,241	85,287	85,332	85,378	85,424	85,470	85,515	85,561
2	43,513	43,558	43,603	43,647	43,692	43,737	43,781	43,826
3	29,613	29,657	29,702	29,746	29,791	29,836	29,881	29,926
4	22,668	22,713	22,758	22,803	22,848	22,893	22,938	22,984
5	**18,506**	**18,552**	**18,597**	**18,643**	**18,688**	**18,734**	**18,779**	**18,825**
6	15,736	15,782	15,828	15,874	15,920	15,966	16,012	16,058
7	13,761	13,807	13,853	13,900	13,946	13,993	14,040	14,086
8	12,282	12,329	12,376	12,423	12,470	12,517	12,564	12,612
9	11,135	11,182	11,230	11,277	11,325	11,373	11,421	11,469
10	**10,219**	**10,267**	**10,315**	**10,363**	**10,412**	**10,460**	**10,509**	**10,557**
11	9,473	9,521	9,570	9,618	9,667	9,716	9,765	9,815
12	8,852	8,901	8,950	9,000	9,049	9,099	9,148	9,198
13	8,329	8,379	8,428	8,478	8,528	8,578	8,629	8,679
14	7,883	7,933	7,983	8,033	8,084	8,135	8,186	8,237
15	**7,497**	**7,548**	**7,598**	**7,649**	**7,701**	**7,752**	**7,804**	**7,855**
16	7,161	7,212	7,264	7,315	7,367	7,419	7,471	7,524
17	6,866	6,918	6,970	7,022	7,074	7,127	7,180	7,233
18	6,605	6,658	6,710	6,763	6,816	6,869	6,922	6,976
19	6,373	6,426	6,479	6,532	6,586	6,639	6,694	6,748
20	**6,165**	**6,219**	**6,272**	**6,326**	**6,380**	**6,434**	**6,489**	**6,544**
25	**5,389**	**5,445**	**5,501**	**5,558**	**5,615**	**5,672**	**5,729**	**5,787**
30	**4,890**	**4,948**	**5,007**	**5,066**	**5,126**	**5,186**	**5,246**	**5,307**

元利均等返済額早見表 3.4%-4.2%（借入金 100 万円）

年	3.4%	3.5%	3.6%	3.8%	3.9%	4.0%	4.1%	4.2%
1	84,876	84,921	84,967	85,012	85,058	85,104	85,149	85,195
2	43,158	43,202	43,247	43,291	43,335	43,380	43,424	43,469
3	29,257	29,302	29,346	29,390	29,435	29,479	29,523	29,568
4	22,311	22,356	22,400	22,445	22,489	22,534	22,579	22,623
5	**18,146**	**18,191**	**18,236**	**18,281**	**18,326**	**18,371**	**18,416**	**18,461**
6	15,373	15,418	15,463	15,508	15,554	15,599	15,645	15,690
7	13,394	13,439	13,485	13,531	13,576	13,622	13,668	13,714
8	11,912	11,958	12,004	12,050	12,096	12,142	12,189	12,235
9	10,761	10,807	10,853	10,900	10,947	10,994	11,040	11,088
10	**9,841**	**9,888**	**9,935**	**9,982**	**10,029**	**10,077**	**10,124**	**10,172**
11	9,091	9,138	9,185	9,233	9,280	9,328	9,376	9,424
12	8,466	8,514	8,562	8,610	8,658	8,706	8,755	8,803
13	7,939	7,987	8,036	8,084	8,133	8,182	8,231	8,280
14	7,489	7,537	7,586	7,635	7,684	7,733	7,783	7,833
15	**7,099**	**7,148**	**7,198**	**7,247**	**7,297**	**7,346**	**7,396**	**7,447**
16	6,760	6,809	6,859	6,909	6,959	7,009	7,059	7,110
17	6,461	6,511	6,561	6,611	6,662	6,712	6,763	6,815
18	6,196	6,246	6,297	6,348	6,399	6,450	6,501	6,553
19	5,960	6,010	6,061	6,113	6,164	6,216	6,268	6,321
20	**5,748**	**5,799**	**5,851**	**5,902**	**5,954**	**6,007**	**6,059**	**6,112**
25	**4,952**	**5,006**	**5,060**	**5,114**	**5,168**	**5,223**	**5,278**	**5,333**
30	**4,434**	**4,490**	**4,546**	**4,602**	**4,659**	**4,716**	**4,774**	**4,831**

元利均等返済額早見表 2.6%-3.3%（借入金 100 万円）

年	2.6%	2.7%	2.8%	2.9%	3.0%	3.1%	3.2%	3.3%
1	84,511	84,557	84,602	84,648	84,693	84,739	84,784	84,830
2	42,804	42,848	42,892	42,936	42,981	43,025	43,069	43,114
3	28,905	28,949	28,993	29,037	29,081	29,125	29,169	29,213
4	21,957	22,001	22,046	22,090	22,134	22,178	22,222	22,267
5	**17,791**	**17,835**	**17,879**	**17,924**	**17,968**	**18,013**	**18,057**	**18,102**
6	15,015	15,059	15,104	15,148	15,193	15,238	15,283	15,328
7	13,033	13,078	13,123	13,168	13,213	13,258	13,303	13,348
8	11,548	11,593	11,638	11,684	11,729	11,775	11,820	11,866
9	10,394	10,440	10,485	10,531	10,576	10,622	10,668	10,714
10	**9,472**	**9,518**	**9,564**	**9,609**	**9,656**	**9,702**	**9,748**	**9,795**
11	8,718	8,764	8,810	8,857	8,903	8,950	8,997	9,044
12	8,091	8,137	8,184	8,231	8,277	8,324	8,372	8,419
13	7,561	7,608	7,654	7,701	7,749	7,796	7,844	7,891
14	7,107	7,154	7,201	7,249	7,296	7,344	7,392	7,440
15	**6,715**	**6,762**	**6,810**	**6,857**	**6,905**	**6,954**	**7,002**	**7,051**
16	6,372	6,419	6,467	6,515	6,564	6,612	6,661	6,710
17	6,070	6,118	6,166	6,214	6,263	6,312	6,361	6,411
18	5,802	5,850	5,899	5,948	5,997	6,046	6,096	6,146
19	5,562	5,611	5,660	5,709	5,759	5,809	5,859	5,909
20	**5,347**	**5,397**	**5,446**	**5,496**	**5,545**	**5,596**	**5,646**	**5,697**
25	**4,536**	**4,587**	**4,638**	**4,690**	**4,742**	**4,794**	**4,846**	**4,899**
30	**4,003**	**4,055**	**4,108**	**4,162**	**4,216**	**4,270**	**4,324**	**4,379**

元利均等返済額早見表 1.8%-2.5%（借入金 100 万円）

年	1.8％	1.9％	2.0％	2.1％	2.2％	2.3％	2.4％	2.5％
1	84,148	84,193	84,238	84,284	84,329	84,375	84,420	84,466
2	42,452	42,496	42,540	42,584	42,628	42,672	42,716	42,760
3	28,555	28,598	28,642	28,686	28,729	28,773	28,817	28,861
4	21,607	21,651	21,695	21,738	21,782	21,826	21,870	21,914
5	**17,440**	**17,484**	**17,527**	**17,571**	**17,615**	**17,659**	**17,703**	**17,747**
6	14,662	14,706	14,750	14,794	14,838	14,882	14,926	14,971
7	12,679	12,723	12,767	12,811	12,855	12,900	12,944	12,989
8	11,192	11,236	11,280	11,325	11,369	11,414	11,459	11,503
9	10,036	10,080	10,125	10,169	10,214	10,259	10,304	10,349
10	**9,112**	**9,156**	**9,201**	**9,246**	**9,291**	**9,336**	**9,381**	**9,426**
11	8,356	8,400	8,445	8,491	8,536	8,581	8,627	8,672
12	7,726	7,771	7,816	7,862	7,907	7,953	7,999	8,045
13	7,194	7,239	7,284	7,330	7,376	7,422	7,468	7,514
14	6,738	6,783	6,829	6,875	6,921	6,967	7,014	7,060
15	**6,343**	**6,389**	**6,435**	**6,481**	**6,527**	**6,574**	**6,620**	**6,667**
16	5,998	6,044	6,090	6,136	6,183	6,230	6,277	6,324
17	5,693	5,740	5,786	5,833	5,880	5,927	5,974	6,022
18	5,423	5,469	5,516	5,563	5,610	5,658	5,705	5,753
19	5,181	5,228	5,275	5,322	5,370	5,418	5,466	5,514
20	**4,964**	**5,011**	**5,058**	**5,106**	**5,154**	**5,202**	**5,250**	**5,299**
25	**4,141**	**4,190**	**4,238**	**4,287**	**4,336**	**4,386**	**4,435**	**4,486**
30	**3,596**	**3,646**	**3,696**	**3,746**	**3,797**	**3,848**	**3,899**	**3,951**

元利均等返済額早見表 1.0%-1.7%（借入金 100 万円）

年	1.0 %	1.1 %	1.2 %	1.3 %	1.4 %	1.5 %	1.6 %	1.7 %
1	83,785	83,830	83,875	83,921	83,966	84,011	84,057	84,102
2	42,102	42,145	42,189	42,233	42,277	42,320	42,364	42,408
3	28,208	28,251	28,294	28,338	28,381	28,424	28,468	28,511
4	21,261	21,304	21,347	21,390	21,434	21,477	21,520	21,564
5	**17,093**	**17,136**	**17,179**	**17,223**	**17,266**	**17,309**	**17,353**	**17,396**
6	14,315	14,358	14,401	14,445	14,488	14,531	14,575	14,619
7	12,331	12,374	12,417	12,461	12,504	12,548	12,591	12,635
8	10,843	10,886	10,929	10,973	11,016	11,060	11,104	11,148
9	9,686	9,729	9,772	9,816	9,860	9,904	9,948	9,992
10	**8,760**	**8,803**	**8,847**	**8,891**	**8,935**	**8,979**	**9,023**	**9,067**
11	8,003	8,046	8,090	8,134	8,178	8,222	8,267	8,311
12	7,372	7,416	7,459	7,503	7,548	7,592	7,637	7,681
13	6,838	6,882	6,926	6,970	7,015	7,059	7,104	7,149
14	6,381	6,425	6,469	6,513	6,558	6,602	6,647	6,692
15	**5,984**	**6,029**	**6,073**	**6,117**	**6,162**	**6,207**	**6,252**	**6,297**
16	5,638	5,682	5,726	5,771	5,816	5,861	5,906	5,952
17	5,332	5,376	5,421	5,466	5,511	5,556	5,602	5,647
18	5,060	5,105	5,149	5,194	5,240	5,285	5,331	5,377
19	4,817	4,862	4,907	4,952	4,997	5,043	5,089	5,135
20	**4,598**	**4,643**	**4,688**	**4,734**	**4,779**	**4,825**	**4,871**	**4,917**
25	**3,768**	**3,814**	**3,859**	**3,906**	**3,952**	**3,999**	**4,046**	**4,094**
30	**3,216**	**3,262**	**3,309**	**3,356**	**3,403**	**3,451**	**3,499**	**3,547**

巻末資料・元利均等返済額早見表［活用例］

どうしても物件購入資金が不足した場合は、「家庭内レバレッジ」（商標登録申請予定）を活用しよう。それは、親族から、金利をつけて資金を借りる方法だ。

恥ずかしながら、ワタクシも、祖母、母、叔母から若干の借り入れがアル。

金利を支払い、もし、返済が滞ったら、物件を持っていってもかまわないという条件で借りた。高利回り物件で、上手く運営スル自信があったので、借りた。

金融機関に金利を支払うよりも、家庭内に金利を支払うほうが、家族が潤う。

返済額を計算する際は、ぜひこの金利表を活用してほしい。

<活用例>

金利 1.65 % を求める場合（借入金 100 万円、20 年返済）

次表の 1.7 と 1.6 の 20 年返済の数字に、$\frac{5}{10}$ を掛ける

↓

（4,917 円 ＋ 4,871 円）× $\frac{5}{10}$ ＝ 4,894 円

金利 1.7 % で借入金 1,580 万円、30 年返済を求める場合

次表は借入金 100 万円なので、15.8 を掛ける

▼

3,547 円 × 15.8 ＝ 56,042.6（1 円以下切り上げ）

▼

56,043 円と概算が求められる

加藤ひろゆき（かとう・ひろゆき）
北海道在住の随筆家、兼、激安不動産投資家。1965年3月生まれ、北海道出身。ＣＡＳＨＦＬＯＷ１０１のハンドル・ネームで、毎日、随筆（ブログ）を更新中。1992年、26歳の時に、大手企業を卒業し、渡米。ハリウッドで俳優を目指す。マドンナやジャネット・ジャクソンのミュージック・ビデオにも出演。ホンダ、コカ・コーラ、テカテ・ビールのＣＭ、映画など、出演本数、約50本。米国「スクリーン・アクターズ・ギルド」（ＳＡＧ・俳優協会）のメンバー。滞米中、盛田昭夫氏（ソニー創業者）や、坂井三郎氏（零戦の撃墜王・大空のサムライ）にも直接会っている。
1997年、アメリカ合衆国の芸能界に挫折して帰国。その時の所持金は、たった200ドル。帰国後、約3年間、うだつの上がらないフリーター生活を送る。2000年、出版社に中途採用。出戻りの「つとめ人」になるが、2006年1月に札幌支店が閉鎖。これを期に、専業大家になる。現在、所有物件12棟。全てＣＡＳＨで決済シタ。
著書に『ボロ物件でも高利回り 激安アパート経営』（ダイヤモンド社）がある。

ＣＤ販売ＨＰ	**http://cf101.chu.jp/index.html**
楽天ブログ	**http://plaza.rakuten.co.jp/investor101/**
	http://plaza.rakuten.co.jp/cashflow101r/
無料メルマガ	**http://archive.mag2.com/0000260436/index.html**
メールアドレス	**qq7n23z99@mountain.ocn.ne.jp**

借金《しゃっきん》ナシではじめる 激安《げきやす》アパート経営《けいえい》

2008年５月23日　初版発行
2011年９月21日　８刷発行

著　者　加藤ひろゆき
発行者　常塚嘉明
発行所　株式会社 ぱる出版
〒160-0011　東京都新宿区若葉１-９-16
03(3353)2835―代表　03(3353)2826―FAX
03(3353)3679―編集
振替　東京 00100-3-131586
印刷・製本　中央精版印刷(株)

ISBN978-4-8272-0412-4　C0034